기획자는 일하지 않는다

기획자는 일하지 않는다 생성형 AI, 이벤트 기획자의 미래

발행 2025년 5월 30일

지은이	김태훈
발행인	김태훈
편집인	표소영
디자인	올라홈
발행처	지구너머세상
등록	제2025-000031호 (2025년 4월 8일)
주소	서울특별시 용산구 원효로 162, 628
문의	전화 02-713-1213 이메일 funacrosstheworld@gmail.com
ISBN	979-11-992424-0-1 (13300)

Copyright @ 2025 김태훈
이 책은 저작권법에 따라 보호받는 저작물이므로 무단전재와 복제를 금지하며, 이 책의 내용의 전부 또는 일부를 이용하려면 반드시 저작권자와 지구너머세상의 서면 동의를 받아야합니다.

※ 잘못된 책은 구입한 곳에서 교환하여 드립니다.
※ 책 가격은 표지 뒷면에 있습니다.

기획자는 일하지 않는다

생성형 AI, 이벤트 기획자의 미래

지은이 김태훈

(목차)

프롤로그 _ 왜 지금, AI와 함께 기획을 시작해야 할까? · 07

PART 01
기획, 혼자 하지 마세요 · 11

직관도 좋지만, 데이터가 도와줄 수 있어요 13
요즘 생성형 AI, 어디서 어떻게 쓰이고 있을까? 17
기획자의 마인드도 슬슬 바뀌고 있어요 26

PART 02
실무에 바로 쓰는 AI 창작 도구들 · 31

시나리오? GPT가 5분이면 뚝딱 33
이미지는? DALL·E가 그림까지 자동으로 36
광고 영상은? Hailuo AI가 빠르게 완성 37
설문? Jotform이면 고민 끝 40
발표자료, Canva Magic Studio에 맡겨보세요 44
광고 문구는 Jasper가 잘 써줘요 46
SNS 콘텐츠는 Narrato에 맡기자 48
프롬프트 잘 쓰는 게 반이에요! 51
효과적인 프롬프트 작성법과 좋은 키워드 생성 방법 52

PART 03
시각 콘셉트, AI가 더 빨라요 · 57

"이런 느낌 어때요?" 대신 "이렇게 생겼어요!" 59
함께 만드는 콘셉트의 비밀 63

PART 04

제안서, 자동화하면 이렇게 쉬워져요 · 65

템플릿만 잘 만들어도 일이 줄어요 68
키워드 정리는 미리미리 71
결과물은 AI가, 다듬는 건 사람의 몫 81

PART 05

예산도 AI랑 짜보자 · 87

행사 예산, AI 툴로 만들면 이렇게 달라져요 89
예산 구성할 때 꼭 챙겨야 할 포인트 92

PART 06

공감하는 카피, AI가 써요 · 95

브랜드들이 감정을 팔고 있는 방법(현대백화점, CJ, 코바코) 97
생성형 AI가 도와주는 감정 기반 행사 글쓰기 100
AI가 문장을 제안하고, 기획자가 감정을 입힌다 101

PART 07

사고 났을 때, AI가 플랜B를 도와줄까? · 109

실제 사례로 보는 대응력 111
날씨, 연사 지연, 장비 고장… 어떻게 대처할까 112
베테랑 연출자의 3가지 생존 스킬 117
실무자를 위한 현장 대응 팁 119

PART 08

감성을 만드는 하드웨어, AI가 도와줘요 · 121

음악으로 분위기 설계하는 법 123
어떤 음악을 써야 할까? 전략이 필요해요 125
인디제이와 멜론 AI는 어떤 음악을 추천할까 126
조명으로 분위기 바꾸는 법 129
영상으로 감정을 움직이는 기술 132

PART 09

코로나 이후, 달라진 행사 풍경 · 143

오프라인과 온라인, 그 경계가 사라진 날 145
누구나 크리에이터가 된 시간 146
하이브리드는 선택이 아니라 기본 148
참가자 눈높이도 달라졌다 149
실시간 자막과 번역, 이제는 AI의 몫 150

PART 10

현장에서 배운 것들 · 153

돈 내고 왜 우리가 눈치를 봐야 하죠? 155
술 한 잔이 만든 뜻밖의 사고 157
이 장비, 누구 거였죠? 159
이럴 때 생성형 AI가 있었다면 어땠을까? 161

PART 11

AI 콘텐츠, 저작권은 어떻게 할까? · 167

국내 음악저작권 사례 169
AI콘텐츠를 쓸 때 주의할 점 172
해외 사례들, 우리가 참고할 섬은? 174
기획자가 반드시 알아야 할 AI 저작권의 기본 177
AI가 만들었지만 책임은 인간에게 178

PART 12

배리어프리 행사, AI로 더 가까워지다 · 181

시각장애인을 위한 AI 음성 안내 183
발달장애 참여자를 위한 AI 가이드 186
현장, 스마트 기술 활용기 188

에필로그 _ 기획자는 '다 하는 사람'이 아니라, '잘 연결하는 사람' · 191

프롤로그

왜 지금, AI와 함께 기획을 시작해야 할까?

현대 행사 기획의 패러다임이 빠르게 변하고 있다. 예전처럼 기획자의 직관과 경험에만 의존해서는 복잡해진 행사 환경에 효과적으로 대응하기 어렵다. 이런 변화 속에서 새롭게 등장한 기술은 행사 전 과정을 혁신적으로 바꾸며, 기획자에게 전략적 파트너 역할을 해주고 있다. 어쩌면 그 이상일지도 모른다.

이러한 도구들은 단순히 반복 작업을 자동화하는 것을 넘어, 방대한 데이터를 분석해 참가자의 경험을 객관화하고, 이를 바탕으로 다음 기획 방향까지 예측할 수 있도록 돕는다. 덕분에 행사 전체의 효율성과 만족도가 높아지고, 기획자는 더 본질적이고 창의적인 업무에 집중할 수 있는 요즘이다.

최신 마케팅 트렌드와 실무 팁을 전하는 플랫폼 Markletic*의 최근 조사에 따르면, 행사 전문가의 67%가 이미 이러한 기술을 활용해 업무 효율을 높이고 있다. 과거에는 기획자가 엑셀 파일을 관리하거나 반복되는 질문에 응답하고, 자동화가 가능한 작업에 많은 시간을 쓰는 일이 흔했다. 정작 참가자에게 인상적인 경험을 제공해야 할 사람이 사무적인 일에 묶여 있었던 셈이다.

하지만 이제 상황이 완전히 달라졌다. 참가자와의 소통, 세션 요약, 등록 관리처럼 복잡한 일들이 이 기술을 통해 자동으로 처리되고 있으며, 학습을 거듭할수록 점점 더 정교하고 효과적으로 작동하고 있다. 그 결과, 참여자들은 더 만족스러운 경험을 하게 되고, 기획자는 중요한 일에 몰두할 수 있는 여유를 얻게 되었다.

이처럼 창작 도구로서의 AI기술은 더 이상 선택이 아니라 필수가 아닐까? 이 책은 그 변화의 흐름 속에서 기획자들이 어떻게 새로운 방식에 적응하고, 적극적으로 활용할 수 있을지를 안내하고자 한다. 사람과 기술이 함께 만드는 행사 기획의 새로운 시대는 이미 시작되었다.

*Markletic
2018년에 설립되어 이벤트 마케팅, 리드 생성, 콘텐츠 마케팅 등 다양한 마케팅 분야의 데이터와 인사이트를 제공하며, 특히 마케팅 기술(MarTech)에 대한 리뷰와 실무 가이드를 중심으로 기업들의 효율적인 마케팅 전략 수립을 돕는 B2B 마케팅 전문 플랫폼.

PART 01
기획, 혼자 하지 마세요

직관도 좋지만, 데이터가 도와줄 수 있어요

행사 기획은 오랫동안 기획자의 직관과 경험에 의존했다. "예전에 성공했던 방식이니까 이번에도 통할 거야"라는 판단은 일종의 관성처럼 작동했다. 하지만 최근, AI와 데이터 기술이 이런 관성을 깨고 있다.

실제로 2022년 전라도 G지역에서 진행된 지역축제는 약 3억 원이라는 큰 예산에도 불구하고 준비 과정에서 심각한 문제가 있었다. 행사 개막을 불과 2주 앞두고 주관사 계약이 이뤄져 졸속으로 진행되었고, 애초에 세웠던 지역 예술인과의 협력 계획은 유명 인사 위주로 변경되며 방향을 잃었다. 축제의 정체성 역시 명확하지 않았고, 선정된 축제의 이름도 행사 취지와 맞지 않아 결국 대중의 공감을 얻지 못한 채 비판을 받으며 마무리되었다. 기획자의 감과 경험만으로는 한계가 있었다는 것을 보여주는 대표적 사례다.

반면, L사의 TECH CONFERENCE는 완전히 다른

접근을 택했다. 참가자 등록 단계부터 관심사 데이터를 수집하고, 과거 행사 분석과 최신 업계 트렌드를 반영해 맞춤형 세션을 구성했다. 행사 중에는 모바일 앱을 통해 참석률과 반응 데이터를 실시간으로 모니터링하며 프로그램을 유연하게 조정했다. 특히 AI 기반 개인화 추천 시스템을 통해, 참가자에게 최적의 세션과 네트워킹 기회를 자동 제공했다. 데이터를 기반으로 한 설계는 단순한 반복이 아닌 '맞춤형 경험'을 만들어냈고, 이는 행사 만족도를 획기적으로 끌어올리는 데 기여했다.

이처럼 데이터 기반 기획은 기업 컨퍼런스뿐 아니라 대중 참여형 행사에서도 힘을 발휘하고 있다. 캐나다의 이벤트테크 전문기업 FestiTech는 대규모 음악 페스티벌에 '지능형 군중 관리 시스템'을 도입했다. AI가 관객의 움직임을 실시간 분석해 혼잡 구간을 예방하고, 개인별 음악 취향에 따라 맞춤형 알림을 제공했다. 그 결과, 군중 관리 효율성은 60%, 참여도는 45% 향상되었다. 단순히 '관리'의 효율을 넘어서 '경험'을 맞춤화한 것이다.

이러한 변화는 예술 행사에서도 나타난다. 영화제 최적화 플랫폼 CineMatch는 관객의 선호 장르와 과거 관람 이력을 바탕으로, 겹치지 않는 최적의 시간표와 추천 라인업을 제공한다. 덕분에 관람 스케줄 충돌은 30% 감소했고, 만족도는 40% 향상되었다. 행사의 감성적 성격에도 데이터 기반 기술이 효율적으로 접목될 수 있음을 보여준다.

기업 행사에서도 효과는 분명하다. Eventico Technologies는 실시간 예측 분석 기능이 포함된 참가자 관리 플랫폼을 통해 운영 비용을 30% 절감하고 참가자 만족도를 20% 향상시켰다. 단순한 등록 관리 기능을 넘어, 데이터를 기반으로 의사결정 속도와 정확도를 높인 사례다.

이처럼 다양한 현장에서 공통적으로 확인되는 점은 하나다. AI와 데이터는 더 이상 보조 수단이 아니다. 행사기획의 전 과정에서 핵심적인 역할을 수행하며, 기획자의 직관을 보완하고 결정의 근거를 제공한다.

물론 이러한 기술이 인간의 창의성과 직관을 완전히 대

신할 수는 없다. 그러나 사람이 가진 감성과 아이디어가 기술과 만나면 훨씬 더 완성도 높은 행사를 만들어낼 수 있다. 앞으로의 기획자는 창의적인 사고와 함께, 데이터와 알고리즘을 이해하고 적절히 협력할 수 있는 능력을 갖추는 것이 중요하다.

결국 행사 기획의 패러다임은 직관 중심에서 데이터 협업 중심으로 이동하고 있다. 기획자에게 요구되는 역량도 달라지고 있다. 이제는 감성과 기술, 두 영역을 잇는 다리 역할을 할 수 있어야 한다.

Footnotes
1. FestiTech: 미국 로스앤젤레스를 기반으로 한 음악 페스티벌 전문 기술 회사로, AI를 활용한 군중 분석 및 페스티벌 운영 솔루션을 제공함.
2. CineMatch: 글로벌 영화제를 위한 AI 기반 스케줄링 및 개인화 추천 시스템을 개발한 기술 회사.
3. Eventico Technologies: 샌프란시스코에 본사를 둔 기업 행사 및 대형 이벤트 전용 AI 관리 플랫폼을 운영하는 회사.

요즘 생성형 AI, 어디서 어떻게 쓰이고 있을까?

최근 생성형 AI는 단순한 보조 수단을 넘어, 기획자의 전략적 동반자로 자리 잡고 있다. 특히 콘텐츠 생성, 예산 편성, 트렌드 분석 등 의사결정이 필요한 다양한 단계에서 AI는 빠르고 정확한 인사이트를 제공한다.

예전엔 예산에 맞는 간식을 준비하려면 마트를 직접 돌아다니며 고르고 비교해야 했다. 지금은 다르다. AI에게 "1만원 예산으로 어린이 100명에게 줄 간식박스를 추천해줘"라고 물으면, 몇 초 만에 가성비 좋은 메뉴 구성은 물론, 최신 트렌드를 반영한 건강 간식 리스트까지 제안해 준다. 초코파이, 건조 과일, 견과류, 에다마메 같은 항목들이 자동 추천되는 방식이다.

질문1: "과거 1만원 예산으로 100명 정도 참여 어린이에게 간식박스를 기념선물로 주었는데 요즘 시장 트렌드를 고려할때 주어진 예산 내에서 가장 효과적인 간식 공급업체를 소개해줘."

답변1: "주어진 예산인 1만 원으로 100명에게 간식박스를 제공하려면, 가성비 높은 한국 간식과 트렌드에 맞는 건강한 옵션을 고려하는 것이 좋습니다. 주요 추천은 다음과 같습니다"

- **한국 스낵**: 초코파이, 꿀버터 아몬드, 건조 과일(예: 동결 건조 딸기) 등은 저렴하면서도 인기 있는 선택지입니다
- **건강 간식**: 에다마메, 당근과 후무스, 바나나 오트 쿠키 등은 건강하면서도 만족도가 높은 간식으로 평가받고 있습니다
- **대량 구매**: 코스트코와 같은 대형 매장에서 구매하면 예산을 효율적으로 사용할 수 있습니다

뿐만 아니라 "이 간식을 실제로 준비해줄 수 있는 업체는 어디인가?"라는 후속 질문에도 AI는 즉각적으로 **스낵24, 케이터링24, 스낵왕**과 같은 공급업체를 소개해주며, 서비스 방식과 가격 비교까지 정리해준다. 클릭 몇 번 없이도 예산 내에서 효과적인 선택이 가능해지는 셈이다.

질문2: ""위 내용을 기반으로 케이터링을 해줄 수 있는 또는 간식을 준비해줄 수 있는 업체를 소개해줘."

답변2: "주어진 예산 내에서 간식박스를 준비해줄 수 있는 효과적인 업체는 다음과 같습니다

1. 스낵24
- **서비스 특징**: 스낵24는 사무실 간식 복지 서비스를 전문적으로 제공하며, 평균적으로 편의점 대비 20~40% 저렴한 가격으로 간식을 구매할 수 있습니다
- **간식 종류**: 초콜릿, 견과류, 음료류, 간편식 등 25,000여 가지의 다양한 간식을 취급하며, 맞춤형 선택이 가능합니다
- **배송 및 관리**: 주문한 간식을 무료 배송하며, 진열까지 관리해주는 서비스를 제공합니다
- **예산 활용**: 직원 1인당 월 1만 원으로도 충분히 다양한 간식을 제공할 수 있어 예산 내에서 효과적으로 운영 가능합니다

2. 케이터링24 (위펀)
- **서비스 특징**: 케이터링24는 행사 컨셉과 예산에 맞춘 다양한 유형의 케이터링 서비스를 제공합니다. 1만 원대의 간식박스부터 시작하여 맞춤형 메뉴를 구성할 수 있습니다

- **간식 종류**: 샌드위치, 핑거푸드, 디저트 등 고급스러운 도시락과 간식박스를 제공하며, 행사 성격에 따라 메뉴를 커스터마이징할 수 있습니다
- **프로세스**: 문의 후 메뉴 제안 및 선정 과정을 거쳐 이벤트를 진행하며, 고객사의 요구에 맞춘 서비스를 제공합니다

3. 스낵왕
- **서비스 특징**: 스낵왕은 기업 맞춤형 간식 서비스를 제공하며, 편의점 대비 10~35% 저렴한 가격으로 간식을 구매할 수 있습니다
- **간식 관리**: 배송부터 진열 및 관리까지 모두 포함된 서비스로, 고객 취향에 맞춘 맞춤형 배송이 가능합니다
- **예산 활용**: 1만 원 예산으로도 다양한 간식을 제공할 수 있으며, 반품 및 교체 서비스도 무료로 지원합니다

이러한 사례는 단지 '간식'을 고르는 일처럼 보일 수 있지만, 본질은 다르다. 기획자의 판단을 더 빠르고 객관적으로 만들어주는 도구로서 AI의 역할을 보여주는 대표적인 장면이다. 작은 결정일수록 반복되기 마련이고, 이런 반복 업무를 AI가 대신해줌으로써 기획자는 보다 창의적

이고 전략적인 업무에 집중할 수 있게 된다.

완전한 자동화는 아니지만, 분명한 것은 이 기술이 이미 현장에서 체감 가능한 수준이라는 점이다. 기획의 '감'과 '경험'에만 의존했던 시대에서, AI는 사소한 것까지 함께 고민해주는 조력자로서 자리매김하고 있다.

고객의 입맛부터 공간의 흐름까지

'배스킨라빈스, 구글 AI와 함께 세계 최초 AI 아이스크림 '트로피컬 썸머 플레이' 출시'

SPC 배스킨라빈스가 구글플레이와 협업해 구글의 최신 생성형 AI 모델 '제미나이(Gemini)'를 활용한 신제품 '트로피컬 썸머 플레이'를 개발했다. 이 제품은 전 세계 배스킨라빈스 브랜드 가운데 최초로 제미나이를 적용해 만든 아이스크림이다.

24년 7월 15일, 서울 '워크샵 by 배스킨라빈스' 매장에서 론칭 행사를 열고 제품을 처음으로 공개했다. 현장에서는 시식과 함께 참여자의 MBTI와 기분에 따라 맞춤 아이스크림을 추천해주는 체험 이벤트도 진행되었다. 이런 협업은 AI와 빅데이터를 경영에 접목하는 배스킨라빈스 코리아의 브랜드 혁신 전략의 일환으로, 기술력과 창의력을 결합한 색다른 고객 경험을 제공했다.

이처럼 AI는 제품 개발 영역을 넘어서, 공간 운영과 사람의 흐름을 최적화하는 도구로도 확장되고 있다.

대표적인 사례가 바로 토론토 피어슨 국제공항이다. 이곳은 AI 기반 지능형 카메라 시스템과 분석 플랫폼을 도입해 공항 내 인원 흐름을 실시간으로 추적하고 예측하고 있다. 약 3,000여 대의 카메라가 승객의 이동, 대기열 길이, 체류 시간 등을 수집하고, 이를 AI가 항공편 일정과 시간대 등 다양한 변수와 결합해 정밀한 혼잡도 예측 데이터를 생성한다. 이 예측 정보는 공항 웹사이트와 터미널 내 디스플레이를 통해 실시간으로 공유되며, 운영팀은 이를 바탕으로 인력 배치와 동선을 유연하게 조정한다. 그 결과, 세관 대기 시간은 평균 30분에서 6분으로 80%나 감소하며 운영 효율과 승객 만족도 모두를 크게 끌어올렸다.

결국 AI는 맛과 감정에서부터, 공간과 이동까지 사람의 경험을 설계하는 핵심 파트너가 되고 있다. 제품이든 장소든, 사용자에게 '더 나은 경험'을 제공하려는 시도 속에서 AI는 창의성과 효율성을 동시에 가능케 하는 새로운 길을 제시하고 있다.

토론토 피어슨 국제공항의 혁신과 효율성 QR 비디오

토론토 피어슨 국제공항의 모습을 인공지능으로 그린 애니메이션

감정까지 읽는 기획, 그러나 판단은 사람의 몫

최근 행사 운영에서 주목받는 기술 중 하나는 바로 참여자의 감정 변화를 관찰하는 감정 분석 시스템이다. 이

기술은 표정, 음성, 텍스트, 상호작용 데이터(좋아요, 투표 등)를 실시간으로 분석해 참가자 반응의 흐름을 파악하고, 운영자가 세션을 유연하게 조정할 수 있도록 돕는다.

예를 들어, 특정 세션에서 집중도가 떨어지는 경향이 감지되면 퀴즈, 미니게임, 토론 전환 등 즉각적인 대응 전략을 마련할 수 있다. 또한, 참가자의 실시간 반응 데이터를 축적해 다음 행사 기획에도 참고할 수 있는 통찰을 제공한다.

하지만 중요한 점은, 이 기술이 '자동으로 행사 운영을 결정해주는 시스템'은 아니라는 것이다. 감정 표현은 문화적 차이와 상황 맥락에 따라 다르게 해석될 수 있고, 텍스트나 음성도 정확한 의미 전달에 한계가 있다. iMotions나 IBM Watson 등 고도화된 시스템도 여전히 정확한 감정 '경향성'을 파악하는 수준에 머물러 있다.

결국 감정 분석 기술은 실무자의 직관과 결합될 때 가장 큰 힘을 발휘한다.

데이터가 놓칠 수 있는 미묘한 감정의 결을 사람이 보

완하고, 사람의 감정적 추론을 AI가 뒷받침한다는 점에서 '보조 파트너'로서의 역할이 현실적이고 효과적이다.

또한 손들기, 반응 포인트, 집중도 흐름 등을 시각화해주는 종합 프로그램을 활용하면, 몰입도를 더 정밀하게 측정할 수 있다. 하지만 무엇보다 중요한 것은, 이 도구들이 정확히 연결되어, 기획자의 전략 안에 잘 통합되어야 한다는 점이다.

이런 감정 분석 기술은 단순히 행사 진행을 편하게 해주는 것을 넘어서, 기획자가 더 창의적이고 감동적인 행사를 만들 수 있도록 도와주는 중요한 수단이 된다. 이러한 기술의 목표는 단순히 빠르고 저렴한 행사를 기획하는 것이 아니라, 행사 기획자의 창의력을 더욱 깊이 있게 발전시키고 강화한다.

Footnotes
1. iMotions : 멀티모달 생체인식 연구 플랫폼, 얼굴 표정, 음성, 시선 추적, 뇌파 등 다양한 생체 신호를 통합 분석하는 기술을 제공
2. IBM Watson Analytics : 경험 관리(XM) 분야의 선두 기업. 고객·직원 경험 관리 플랫폼을 제공.

기획자의 마인드도 슬슬 바뀌고 있어요

어찌 보면 이제 기획자 혼자서, 혹은 사람들끼리만 일하던 시대는 해지듯 지고 있는지도 모른다. 새로운 기술은 점점 더 정교한 역할을 담당하고, 사람과 기술이 함께 협업하는 산업 구조가 더욱 가까운 현실로 다가왔다.

예를 들어, 어떤 작가나 회사가 지난 20년간의 행사 시나리오 대본을 가지고 있다고 가정해 보자. 이처럼 방대한 자료를 학습한 시스템은, 놀라울 정도로 정교한 시나리오를 만들어낼 수 있다. 이제는 단순한 도우미를 넘어, 콘텐츠 제작 전 과정에 깊숙이 관여하며, 그 결과 기존의 행사 기획 방식 자체가 완전히 새롭게 바뀌고 있는 것이다.

나는 이러한 변화를 바탕으로 이벤트 업계의 미래 조직도를 구상해 보았다. 이 조직도에는 실제 기업의 구성원처럼 AI가 주요 역할로 자리 잡고 있다. 예를 들어 CFO는 'LogicBall', 디자이너는 'Midjourney', 작가는 'ChatGPT', 영상 편집자는 'Submagic'이 맡는 식이다. 생성형 AI는 단순한 도구가 아니라 사람과 함께 역할을 나누는 공동 구성원처럼 기능한다. 이는 기업이 더 적은 인력으로도 더 많은 프로젝트에 도전할 수 있는 가능성을 의미한다. 실제로 직원 5명으로 회사를 운영한다고 해도, AI의 협업 역량이 뒷받침된다면 더 많은 일감을 처리할 수 있는 역량이 생긴다. 심지어 혼자서도 중소기업 못지않은 회사운영이 가능한 시대가 도래한 것이다.

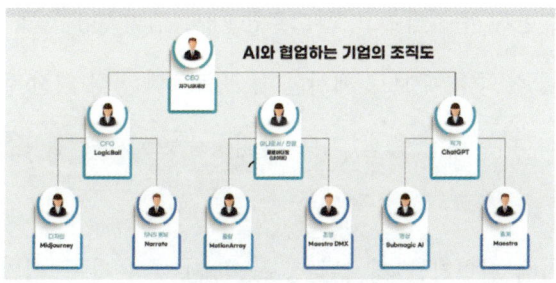

AI와 협업하는 기업의 조직도

부서	역할	담당자	주요 기능 및 AI 도구
작가팀	시나리오 구성	ChatGPT	행사 스크립트 작성
디자인팀	시각적 콘텐츠 제작	Midjourney	키 비주얼, 포스터 디자인
SNS 운영팀	소셜미디어 관리 및 홍보	Narrato	SNS콘텐츠 제작 및 일정 관리
음향팀	음향 효과 및 음원 선곡	MotionArray	배경음악 및 효과음
조명팀	조명 연출 및 제어	MaestroDMX	무빙라이트 및 색상 조정
영상팀	영상 효과	SubmagicAI	실시간 감정 이모지 생성
중계팀	실시간 자막 및 번역 제공	Maestra	다국적 자막 생성 및 동시통역
성우팀	음성더빙 및 내레이션 제작	클로바더빙(네이버)	행사 내레이션과 홍보 영상 더빙
로고송 제작팀	브랜드 음악 제작	SunoAI	로고송 및 테마 음악 제작

AI와 협업 조직도의 역할과 담당

기획자의 역할은 예전처럼 모든 것을 손수 설계하던 방식에서 벗어나, 디지털 도구가 제안하는 다양한 옵션 중 최적의 방안을 선택하고 조율하는 디렉터로의 전환이 이뤄지고 있다.

예를 들어, 대학 동문 행사를 준비할 때도 최신 기술은 행사 시기, 장소, 프로그램 유형 등 다양한 선택지를 미리 정리해 보여준다. 봄·여름·가을·겨울 중 어떤 계절이 가장 적절한지 추천해주고, 장소로는 대학 캠퍼스나 호텔, 야외 공간 등을 후보로 제시한다. 프로그램 형식 역시 강연 중심, 네트워킹 중심, 가족 참여형 등으로 나눠볼 수 있다.

이때 기획자는 제시된 정보—과거 행사 기록, 참가자 선호도, 날씨 정보 등—를 종합 분석해 가장 합리적인 결정을 내리게 된다. 예를 들어, 특정 날짜의 날씨를 예측하려면 과거 기상 데이터를 활용할 수 있다. 참고로 기상청은 1991~2020년 기준의 기후평년값을 바탕으로 30년 단위 통계를 제공하고 있으며, 이는 날씨누리나 기상자료개

방포털을 통해 확인할 수 있다.

이 데이터를 분석 도구에 입력하면 해당 날짜의 강수 가능성 등을 미리 확인할 수 있어, 실내 행사로 바꿀지, 우천 대비책을 세울지, 가족 친화 프로그램을 실외에 둘 수 있을지 판단하는 데 도움이 된다.

기본 정보가 정리된 이후에는 감성과 창의성을 더해 프로그램을 풍부하게 구성할 수 있다. 기획자는 단순한 실행자가 아니라, 디지털 기술과 창의력이 만나는 지점에서 방향을 결정하는 사람이다.

기상청 날씨누리 https://www.weather.go.kr/w/climate/statistics/regional-char.do

또한 기술 컨퍼런스를 기획할 때도 마찬가지이다. 인공지능 기반 시스템은 대면, 온라인, 하이브리드 형식은 물론, 다양한 주제와 세션 구성을 제안한다. 기획자는 분석 결과를 바탕으로 현재 상황, 예산, 리소스를 종합적으로 고려해 전략적인 결정을 내린다. 이후에는 가상 네트워킹 공간, 맞춤형 세션 추천, 실시간 참여도 분석 등 세부 요소를 창의적으로 설계해 차별화된 행사를 완성한다.

결국 현대의 기획자는 데이터를 읽고 지능형 도구와 협력하여 최적의 선택을 내리는 사람이다. 그리고 이제, 사람과 기술이 유기적으로 협업하는 새로운 조직 구조가 이를 뒷받침하고 있다. 가까운 미래, 이러한 형태는 단순한 상상을 넘어 실제 기업 운영의 표준이 될 것이다.

PART 02

실무에 바로 쓰는
AI 창작 도구들

창작도구는 '잘 써야 진짜 도구'가 된다. 행사를 잘 기획하고 싶다면, 아이디어 짜는 것부터 제안서 쓰는 것, 공간 디자인과 콘텐츠 제작까지 도와줄 수 있는 툴들을 잘 활용해야한다.

시나리오? GPT가 5분이면 뚝딱!

GPT-4 Turbo나 Claude 3 같은 생성형 AI는 시나리오 짜는 속도가 무시무시하다.

아이디어 키워드 몇 개만 주면, 2~3분 안에 행사명, 주제, 메시지를 담은 오프닝 멘트까지 뽑아준다. 예를 들어, '2030세대, 친환경, 1억 예산'만 입력했더니 아래와 같은 결과물이 나왔다.

- **행사명** Green Wave 2030
- **주제** 『우리가 만드는 지속 가능한 미래』
- **메시지** "작은 행동이 큰 변화를 만듭니다"

> **오프닝 멘트 예시**

여러분, 반갑습니다!
우리가 사는 이 지구를 더 건강하고 지속 가능하게
만들기 위한 특별한 자리,
『Green Wave 2030』에 오신 여러분을 환영합니다.
이제 환경 문제는 먼 미래가 아니라 바로 우리의 문제입니다. 오늘 모인 2030세대는 변화의 중심이자 주역입니다.
1억 원이라는 소중한 예산은 단순한 숫자가 아닙니다.
이 자금은 여러분의 창의적인 아이디어를 통해 친환경적
혁신과 실질적인 변화를 만들어낼 씨앗이 될 것입니다.
우리의 작은 생각과 행동이 얼마나 큰 변화를 이끌 수 있는지,
바로 오늘, 여기서부터 함께 시작해 봅시다!
『Green Wave 2030』 지금부터 시작합니다!

어디 오프닝 뿐이겠는가? 축사, 격려사, 환영사는 물론이고, 시상식에 들어가는 MC의 안내 멘트, 특별 출연자 소개 멘트, 그리고 행사의 전체적인 주제와 맥락을 마무리하는 클로징 멘트까지 모두 작성할 수 있다.

필자는 행사 시나리오를 작성할 때, 그 행사의 성격과

분위기, 감정의 흐름, 전달하고자 하는 메시지에 맞춰 문장의 톤과 스타일, 심지어 동사의 형태까지 구체적으로 요청한다. 어떤 경우에는 구어체, 혹은 친근한 말투나 격식을 갖춘 문체를 지정하기도 한다.

작성된 시나리오가 처음부터 완벽할 수는 없기에 원하는 의도와 맞지 않거나 뉘앙스가 다를 경우에는 여러 차례 수정 과정을 거친다. 이러한 피드백을 통해 시나리오의 완성도는 점점 높아진다. 그리고 최종적으로는 단어 하나, 문장 하나가 행사의 정체성과 어긋나지 않는지, 표현이 적절한지 기획자는 꼼꼼하게 검수해야 한다.

행사의 인상은 시나리오의 한 줄에서 결정되기 때문이다. 그래서 기획자는 단순히 문장을 고치는 수준을 넘어, '이 말이 지금 이 순간 이 무대 위에서 울릴 때 적절할까?'를 상상하며 문장을 다듬어야 한다. 이것이 진정한 행사 연출의 품격을 높이는 방법이다.

이미지는? DALL·E가 그림까지 자동으로

DALL·E 3는 텍스트만으로 교과서에 실릴 법한 정교한 이미지도 손쉽게 생성해준다. 예를 들어 "세포의 구조를 보여주는 상세한 다이어그램"이라고 입력하면, 라벨이 붙은 세포 구조 그림이 자동으로 만들어지며, 기획자들은 이를 이미지 자료로 바로 활용할 수 있다.

"DALL-E 3가 뭐예요?", "이거 어디서 다운받아요?"라고 질문할 수 있다. 그러나 DALL-E 3는 구글이나 네이버에서 직접 제공하는 서비스가 아니라 챗GPT처럼 OpenAI의 API를 통해 접근할 수 있는 기능이다. 나는 Chat GPT 사용자로써 DALL-E 3에 연결해서 "세포의 구조를 보여주는 상세한 다이어그램을 그려줘."라고 요청했고 혹시 저작권에 문제가 있을까봐 "저작권 문제가 없는 이미지로 부탁해"라고 했더니 아래와 같은 결과물이 나왔다.

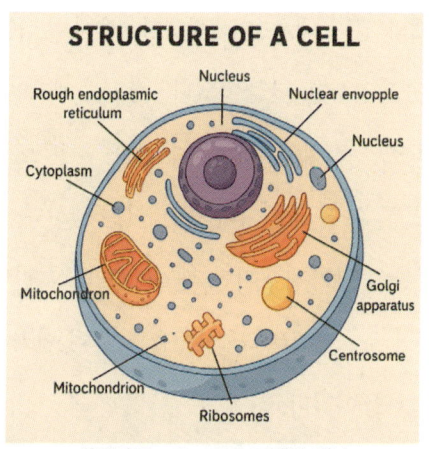

참고자료 : ChatGPT 이미지 생성

광고 영상은? Hailuo AI가 빠르게 완성

영상 제작도 이제는 단 몇 초면 가능하다. Hailuo AI에 "바다를 배경으로 한 친환경 물병 광고"라는 문장을 넣으면, 파도치는 해변 위에 재사용 물병이 등장하는 6초짜리 짧고 인상적인 광고 영상이 완성된다. 짧지만 강렬한 메시지를 담기엔 충분하다.

검색창에 'Hailuo AI'를 열고 Text to Video 탭을 선택

한 후 아래와 같이 내용을 작성했다. 잠시 후 인공지능이 6초짜리 광고영상을 만들어냈다. 광고주에게 이번 영상의 방향성 또는 컨셉을 보여줄 수 있는 좋은 도구가 아닐 수 없다. 물론 어떤 제품이냐 또는 어떤 행사냐에 따라 그 컨셉과 방향이 달라지겠지만 과거에는 영상 편집자가 필요한 동영상 소스를 끌어와 심혈을 기울여 편집해야 나올 수 있는 결과물이었다.

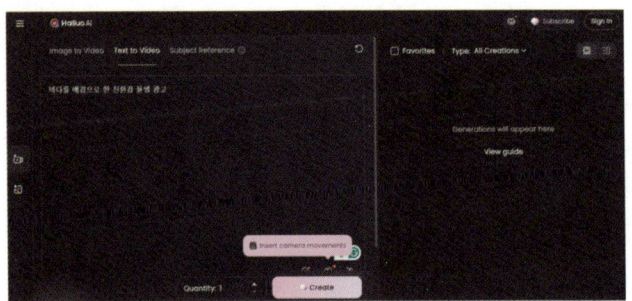

Hailuo AI'를 열고 Text to Video 탭
→ 맨 하단에 Create를 누르면 생성이 시작된다.

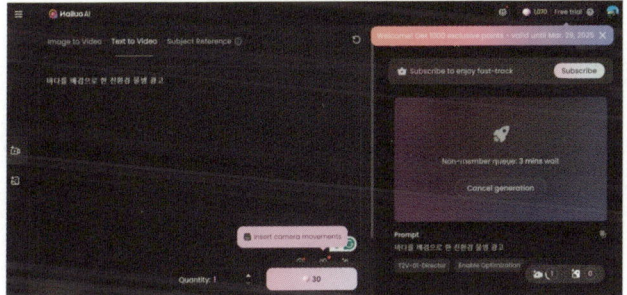

창작도구는 바다를 배경으로한 물병을 만들기 시작한다

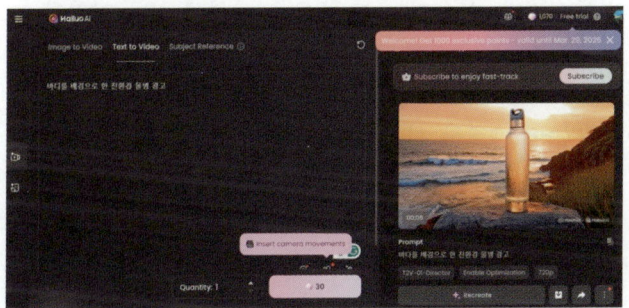

완성된 영상은 잠시 후 무료로 다운 받을 수 있다.
이때 생성을 위해 본인의 계정등록이 필요하다.

참고링크 https://hailuoai.video

설문? Jotform이면 고민 끝

설문지 작성도 이제 인공지능이 도와준다. Jotform AI Survey Generator에 '고객 만족도 조사'라는 주제를 입력하면, 리커트 척도, 여러 개 중 고르기, 한 개만 고르기, 자유롭게 적는 질문 같은 다양한 형식의 질문이 자동으로 만들어진다. 사용자는 그 내용을 상황에 맞게 약간만 고치면 된다. 이 도구는 AI를 활용해 빠르고 쉽게 설문지를 만드는 스마트한 시스템이다. 예를 들어 '고객 만족도 조사'라는 키워드를 넣거나 관련 PDF 파일을 업로드하면, 인공지능이 알아서 적절한 질문들을 만들어냈다. 또한 설문의 개수, 언어, 형식도 사용자가 원하는 대로 설정할 수 있어 매우 유연하다. 완성된 설문지에는 다양한 질문 형식이 들어 있다.

예를 들어, 만족도를 1~5점으로 표시하는 '5단계 만족도 점수' 질문, 여러 항목 중 고를 수 있는 객관식 질문, 하나만 선택해야 하는 단답형 질문, 자유롭게 의견을 적는 서술형 질문 등이 포함됐다.

예를 들어,

- "우리 회사의 고객 서비스에 얼마나 만족하십니까?"와 같은 1~5점 중 선택하는 만족도 질문,,
- "우리 제품/서비스의 어떤 측면이 가장 인상적이었습니까?"와 같은 다중 선택 질문,
- "우리 제품을 다시 구매하실 의향이 있으십니까?"라는 단일 선택 질문,
- 그리고 "우리 제품/서비스를 개선하기 위한 제안사항이 있다면 자유롭게 적어주세요."라는 개방형 질문까지, 실무에서 바로 활용 가능한 질문이 자동으로 구성된다.

가장 편리한 점은, AI가 만들어준 설문지를 사용자가 필요에 따라 자유롭게 수정할 수 있다는 것이다. 설문 작성이 어렵게 느껴졌던 사람도, 이제는 몇 번의 클릭만으로 완성도 높은 설문을 쉽게 만들 수 있다.

다만 "고객 만족도 조사"처럼 표현이 추상적이면 설문 구성에 어려움을 겪을 수 있다. 이럴 때는 기준을 먼저 세

우는 것이 중요하며, 생성형 AI에게 그 기준을 물어보면 구체적인 방향을 제시해준다. 기준이 명확하지 않아도 괜찮다. 예를 들어, "고객 만족도에 관한 질문 10가지를 만들어줘"라고 ChatGPT에 요청하면, 아래와 같이 설문 문항을 자동으로 생성해준다.

고객 만족도 조사를 위한 10가지 설문 문항을 다음과 같이 제안합니다:

1. 전반적으로 우리 제품/서비스에 얼마나 만족하십니까? (1-5점 척도)
2. 우리 제품/서비스의 품질은 어떻게 평가하십니까? (1-5점 척도)
3. 고객 서비스의 응대 속도와 효율성에 대해 어떻게 생각하십니까? (1-5점 척도)
4. 제품/서비스의 가격이 제공되는 가치에 비해 적절하다고 생각하십니까? (예/아니오)
5. 우리 제품/서비스를 다른 사람에게 추천할 의향이 있으십니까? (0-10점 척도)
6. 제품/서비스 사용 중 문제가 발생했을 때, 해결 과정에 만족하셨습니까? (1-5점 척도)

7. 우리 회사의 어떤 점이 가장 마음에 드십니까? (복수 선택)
8. 제품/서비스에서 개선이 필요한 부분은 무엇입니까? (주관식)
9. 향후 6개월 내에 우리 제품/서비스를 다시 구매할 의향이 있으십니까? (예/아니오)
10. 전반적인 고객 경험을 향상시키기 위해 우리 회사에 제안하고 싶은 점이 있다면 자유롭게 적어주세요. (주관식)

이제 기획자는 AI가 제안한 질문을 고객의 목표와 기준에 맞게 간단히 수정하기만 하면 된다. 이렇게 수정한 10가지 문항은 Jotform AI Survey Generator에 입력하면 손쉽게 설문지가 완성된다. 이후 설문지의 URL 링크만 만들어 공유하면 준비는 끝이다.

비록 다른 도구이긴 하지만, 예를 들어 '구글 설문지'의 경우에는 응답 결과를 표나 그래프로 시각화해 한눈에 확인할 수 있는 기능을 제공한다. 이러한 시각 자료는 고객에게 매우 유용한 데이터 자산이 될 수 있으므로, 설문 내용을 기획할 때부터 결과 활용까지 염두에 두고 준비하면 훨씬 효과적인 자료가 될 수 있다.

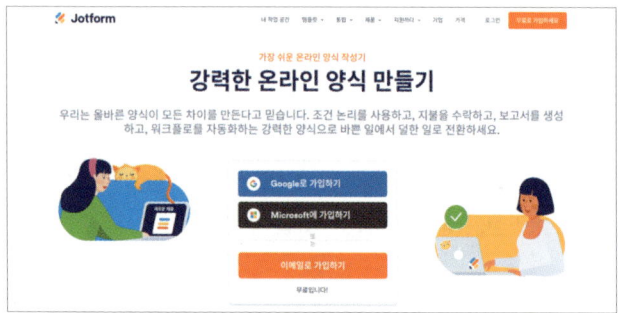

참고링크 www.jotform.com

발표자료, Canva Magic Studio에 맡겨보세요

Canva의 Magic Studio는 프레젠테이션 디자인을 자동화해준다. "친환경 에너지 솔루션 제안"이라는 주제를 입력하면, 관련된 이미지와 그래프, 일관된 레이아웃을 갖춘 전문적인 슬라이드 세트가 뚝딱 완성된다. 발표자료 준비에 소요되는 시간을 획기적으로 줄여준다.

Canva의 Magic Studio는 단 몇 번의 클릭만으로도 완성도 높은 슬라이드를 만들어주는 AI 도구다. 사용법은 간단하다. Canva 웹사이트나 앱에 접속해 로그인한 후, Magic Studio 기능을 선택하고 주제만 입력하면 된다. 예를 들어 "친환경 에너지 솔루션 제안"이라는 주제를 입력하면, 관련 이미지와 그래프, 일관된 디자인이 적용된 프레젠테이션이 자동으로 생성된다.

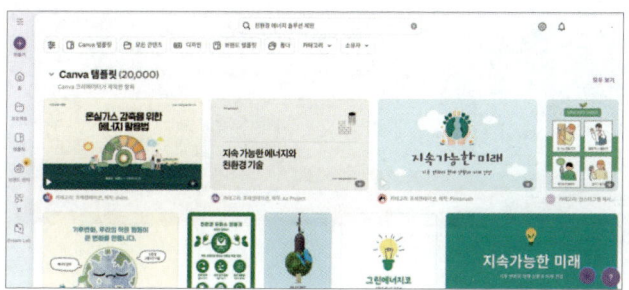

참고링크 https://www.canva.com

Magic Studio는 비즈니스 제안서, 교육 자료, 마케팅 전략, 학술 발표 등 다양한 상황에서 활용할 수 있다. 예를 들어 "스타트업 투자 유치" 발표를 준비할 때는 재무 데이터와 시장 분석이 포함된 슬라이드를, "세계 역사 개관"

수업을 준비할 때는 시대별 주요 사건과 인물이 담긴 슬라이드를 빠르게 만들 수 있다. 생성된 자료는 기본적인 틀이 잘 갖춰져 있어, 사용자는 세부 내용을 약간 조정하기만 하면 된다. 발표 준비에 드는 시간과 수고는 줄고, 발표의 완성도는 높아진다.

참고링크 https://www.canva.com

광고 문구는 Jasper가 잘 써줘요

마케팅 문구도 걱정할 필요 없다. Jasper AI는 마케터들이 가장 선호하는 인공지능 기반 카피라이팅 도구 중 하나다. 복잡한 글쓰기 과정을 단순화해주고, 단 몇 줄의 설명만으로도 다양한 마케팅 문구를 순식간에 만들어준다. 사용법은 간단하다. Jasper AI 웹사이트에 로그인한 뒤 새 프로젝트를 생성하고 '마케팅 문구 생성' 템플릿을 선택한다. 그 다음 제품이나 서비스에 대한 간단한 설명을 입력하고(예: "유기농 스킨케어 제품 출시"), 원하는 톤과 스타일(전문적, 친근한, 유머러스 등)을 고르면 끝이다. 생성 버튼을 클릭하면, AI가 다양한 상황에 맞는 카피들을 자동으로 제시해준다.

참고링크 https://www.jasper.ai

예를 들어 "유기농 스킨케어"라는 주제를 입력하면, 소셜 미디어용으로는 "자연의 힘을 담은 유기농 스킨케어로 피부에 새로운 활력을!", 이메일 제목으로는 "당신의 피부를 위한 유기농 혁명이 시작됩니다" 같은 문구가 나온다. 광고 문구로는 "화학물질 없이, 오직 자연만으로. 당신의 피부가 감사해할 선택", 제품 설명에는 "100% 유기농 성분으로 만든 스킨케어, 피부 건강을 지키는 가장 순수한 방법"을 제안한다. 여기에 "지금 구매하시면 유기농 립밤을 무료로 드립니다! 자연의 선물을 두 배로 즐기세요" 같은 프로모션 문구까지 자동으로 생성된다. Jasper AI는 마케팅 전략을 짜는 데 있어 더 빠르게, 더 다양하게, 그리고 더 설득력 있는 콘텐츠를 만들 수 있도록 도와주는 강력한 도구다.

SNS 콘텐츠는 Narrato에 맡기자

소셜미디어에 올릴 콘텐츠가 매번 고민이라면, Narrato

AI Content Genie가 좋은 해결책이 된다. 이 도구는 웹사이트 주소와 주제만 입력하면 자동으로 주간 콘텐츠를 생성해준다. 예를 들어 우리회사 홈페이지 URL과 '이벤트 콘텐츠와 매니지먼트'라는 주제를 입력했더니 AI가 11개의 SNS용 포스트를 순식간에 만들어주었다. SNS에 들어갈 사진도 알아서 생성해주고, 홍보문구와 해시테그까지 제작해주었다. 아래는 내가 직접해본 결과를 캡처한 것이다.

참고링크 https://narrato.io

콘텐츠는 수정 후 Instagram, Facebook, Twitter 등 원하는 플랫폼에 자동 예약 게시할 수 있어 운영 효율도 뛰어나다. 실제로 한 건강 브랜드는 Narrato를 활용해 "면역력 높이는 방법"이라는 콘텐츠를 매주 다양한 플랫폼에 공유하고 있다. 피트니스 센터는 "집에서 할 수 있는 운동"을 주제로 회원들에게 동기부여 콘텐츠를 제공하고, 영양사는 "건강한 식단 팁" 콘텐츠로 전문성을 어필한다. 스트레스 관리 앱 역시 "일상 스트레스 해소법"을 주제로 사용자 참여를 이끌어낸 사례가 있다.

이처럼 Narrato AI는 마케터의 시간을 절약하고, 브랜드 메시지를 일관성 있게 전달할 수 있게 도와준다. 콘텐츠가 끊기지 않고 계속 이어지는 구조를 만들고 싶다면, 이 도구가 콘텐츠 전략의 든든한 파트너가 되어줄 것이다.

이 모든 도구들은 단순한 자동화 그 이상이다. 창작자에게는 시간과 에너지를 아끼고, 결과물의 완성도까지 높여주는 진짜 '비서' 같은 존재다.

프롬프트 잘 쓰는 게 반이에요!

"AI가 멍청하게 느껴질 땐, 내가 질문을 잘못한 거다."

프롬프트가 좋아야 출력이 좋다.

"20~30대, 디지털 트렌드, 예산 2억, 컨퍼런스 형식" 같은 제약조건을 세밀하게 써줘야 AI가 제대로 된 콘셉트를 제시해준다.

AI로부터 원하는 결과를 얻기 위해서는 프롬프트에 적절하고 구체적인 키워드를 사용하는 것이 중요하다. 예를 들어, "20~30대 디지털 네이티브를 위한 최신 AI 기술 컨퍼런스, 예산 2억, 서울 코엑스, 참가자 500명, 네트워킹 세션 포함"과 같이 명확한 타겟 설정, 구체적 주제, 예산과 장소, 기간 등 상세한 조건이 포함된 프롬프트는 AI가 행사의 맥락을 빠르게 파악하고 유용한 제안을 제공할 수 있도록 돕는다.

반면 "전시행사 기획해줘"와 같이 모호하고 광범위한

프롬프트는 AI가 정확한 맥락과 목적을 파악하기 어렵게 만들어 결국 일반적이고 피상적인 결과만 제공할 가능성이 크다. 따라서 프롬프트 작성 시에는 5W1H(누가, 무엇을, 언제, 어디서, 왜, 어떻게)를 명확히 설정하고, 최대한 구체적인 키워드를 제시하는 것이 AI의 성능을 최대한 활용하는 데 필수적이다.

효과적인 프롬프트 작성법과 좋은 키워드 생성 방법

프롬프트는 생성형 AI와 소통하는 핵심 도구이다. 질문이 얼마나 명확하고 구체적인가에 따라 결과의 품질은 크게 달라진다. 효과적인 프롬프트를 구성하는 법과 좋은 키워드를 만드는 방법을 이해하면, 원하는 정보를 훨씬 더 정확하게 얻을 수 있다. 이 글에서는 실무에 바로 적용할 수 있는 구체적인 작성법과 함께 실제 사례를 소개한다.

프롬프트를 작성하기 전에는 먼저 자신이 무엇을 알고 싶은지, 어떤 결과를 기대하는지를 분명히 해야 한다. 정보 제공이 목적일 수도 있고, 창의적인 아이디어 제안이나 일정 구성, 분석 요청일 수도 있다. 목표가 명확해야 AI도 그에 맞는 정확한 답변을 제공할 수 있다.

> **예시**
>
> ✗ "행사 기획에 대해 알려줘."
> ○ "야외 행사를 기획할 때 날씨 변수와 참가자 안전을 고려한 전략을 제시해줘."

프롬프트에는 가능한 한 많은 정보와 조건을 포함해야 한다. 그래야 AI는 막연한 일반론이 아닌, 구체적인 상황에 맞춘 답변을 할 수 있다.

> **예시**
>
> ✗ "좋은 음악 추천해줘."
> ○ "청소년 대상의 야외 행사에서 활기찬 분위기를 조성할 수 있는 K팝 음악 5곡을 추천해줘."

좋은 키워드는 AI가 질문을 더 잘 이해하도록 돕고, 보다 정확한 정보를 제공하는 데 결정적인 역할을 한다. 효과적인 키워드는 핵심 주제를 중심으로 파생되며, 문맥과 목적에 맞춰 구체화되어야 한다. 중심이 되는 주제를 정한 뒤, 그 주제와 관련된 세부 키워드를 도출한다.

> 예시

주제: 야외 행사
파생 키워드: 날씨, 안전, 참가자 동선, 그늘막, 응급처치

질문 문장 형태로 키워드를 구성하면 AI가 답변하기 쉬워진다. "어떻게?", "무엇을?", "어떤?"과 같은 의문사를 활용한다.

> 예시

- "야외 행사를 위한 날씨 대비 전략은?"
- "참가자 안전 매뉴얼에는 어떤 항목이 포함되어야 하나?"

행사의 목적과 대상에 따라 키워드를 더 구체화하면 더욱 정교한 답변을 얻을 수 있다.

> **예시**

- 대상이 어린이일 경우 → 키워드: 에어바운스, 유모차 보관소
- 목적이 가족 친화적일 경우 → 키워드: 쉼터, 모유 수유실

효과적인 프롬프트 작성은 AI와의 소통에서 핵심적인 역할을 한다. 명확한 목표 설정, 구체적인 지침, 맥락 제공, 형식 지정은 모두 유용한 답변을 이끌어내기 위한 필수 조건이다. 여기에 정교한 키워드를 조합하면 더욱 실질적인 결과를 얻을 수 있다.

이러한 원칙은 행사 기획뿐 아니라 콘텐츠 제작, 마케팅, 교육, 여행 설계 등 다양한 분야에서도 응용 가능하며, 실무자들에게 큰 도움을 준다. AI는 올바른 질문에 가장 잘 반응한다. 좋은 질문이 좋은 답을 이끌어내며, 그 시작점은 바로 효과적인 프롬프트와 키워드에서 비롯된다.

PART 03

시각 콘셉트,
AI가 더 빨라요

공간 디자인, 무대 콘셉트, 홍보 비주얼.

예전에는 디자이너가 손으로 그리거나 일러스트로 시안을 만들었다. 이제는 Midjourney나 Stable Diffusion으로 텍스트만 넣으면 된다.

"이런 느낌 어때요?" 대신 "이렇게 생겼어요!"

예를 들어 생성형 AI에게 "하얀 돔형 천막 안에 초록 잔디 깔린 지속가능 컨퍼런스 무대" 이렇게 텍스트만 주면 60초 안에 고퀄 이미지가 뚝딱 나온다. 디자인 초안 잡는 데 하루 걸리던 게 이제는 몇 분도 안 걸린다.

여기에 덧붙여 "무대와 의자가 좀 더 잘보이게 표현해주고 무대위에 사회자, 의자에도 참가자가 앉아있는 모습을 그려줘"라고 명령어를 내리면 아래와 같은 이미지가 나온다.

AI 기반 무대 디자인은 기존의 수작업 방식보다 훨씬 빠르고 효율적이다. 예전에는 디자이너가 여러 시안을 손으로 그려야 했지만, 이제는 텍스트 프롬프트만으로 다양한 시안을 생성할 수 있게 되었다. 덕분에 디자이너는 창의적인 아이디어를 신속하게 시각화하고, 클라이언트와의 소통도 수월해졌다.

홍보 비주얼 영역에서도 AI는 강력한 도구로 떠올랐다. 예를 들어 "지속 가능한 에너지 솔루션을 홍보하는 음악 축제 포스터"라는 문장을 입력하면, AI는 다양한 스타일의 포스터 이미지를 자동으로 만들어낸다.

"위 이미지에서 더욱 세련되게 보강해서 태양과 바람의 이미지를 포함하고, 많은 사람들이 친환경에 참여하는 이미지를 넣고 그려줘. 이때 메시지는 Save Earth라고 슬로건을 넣어줘" 같은 추가 지시도 반영해 더욱 구체적인 결

과를 제공한다.

이처럼 AI는 브랜드 메시지를 빠르고 일관되게 전달하는 데 효과적이다. 과거처럼 디자이너가 모든 요소를 직접 조합하지 않아도 되고, 마케터는 다양한 채널에 맞는 콘텐츠를 손쉽게 제작할 수 있다. 결과적으로 AI는 공간 디자인, 무대 콘셉트, 홍보 비주얼 등 전 분야에서 빠르고 효율적인 솔루션을 제공하며, 창의적인 작업을 더 원활하게 도와주는 존재가 되었다.

함께 만드는 콘셉트의 비밀

AI의 등장은 디자이너의 역할을 대체하기보다 확장시키고 있다. 현재 디자인 프로세스는 'AI가 초안을 만들고, 사람이 감성을 더한다'는 방식으로 발전하고 있다. 예를 들어, Midjourney나 DALL·E와 같은 생성형 AI를 활용해 초안을 빠르게 시각화하면, 디자이너는 브랜드 정체성이나 대상 고객의 감성에 맞게 조율하는 작업에 집중할 수 있다.

이 협업은 다음과 같은 흐름으로 진행된다. 디자이너는 먼저 AI에 텍스트 프롬프트를 입력해 1차 시안을 만든다. AI는 다양한 스타일과 구도를 자동으로 제안하고, 디자이너는 그중 감각에 맞는 안을 선택해 디테일을 다듬는다. 이후 피드백을 반영하면 AI가 수정된 시안을 반복 생성해 최종안에 근접하게 된다. 반복적이고 시간 소모적인 작업은 AI가 맡고, 디자이너는 콘셉트와 감성, 조화 같은 창의의 본질에 집중할 수 있다.

좀 전에 생성형 AI가 그려준 3D 무대 시안에 디자이너는 2D 포스터 시안을 그려넣는 것이 그 예일 것이다.

AI와 사람의 협업은 효율을 넘어 더 나은 디자인을 만드는 방식으로 자리 잡고 있다. 시각적 완성도는 높아지고, 프로세스는 빨라진다. 이 조화로운 협업이 앞으로 디자인 산업을 이끌 핵심 전략이 아닐까?

PART 04
제안서, 자동화하면 이렇게 쉬워져요

"우리 행사 제안서 언제까지 제출 가능할까요?"

행사 기획자라면 누구나 한 번쯤 받아본 질문이다. 과거에는 이 질문에 답하기 위해 몇 일 동안 파워포인트 파일을 붙잡고 씨름하곤 했다. 하지만 이제는 다르다. Canva 또는 Gamma 같은 생성형 AI 툴을 활용하면, 몇 일 걸리던 제안서 작성이 하루 만에 또는 반나절만에 끝나는 시대다.

사실 제안서의 구조는 대부분 아래와 같이 정해져 있다.

- 제안개요 (목적, 전략, 방향)
- 일반현황 (조직, 실적, 경쟁력)
- 기획방향 (콘셉트, 테마, 세부 일정표)
- 업무추진일정 (제작물 계획, 동선계획)
- 예산안

이 다섯 가지 틀만 갖춰져 있다면, AI가 내용을 거의 자동으로 채워준다.

예를 들어, 제안개요를 입력하면 AI는 관련 산업 트렌드와 참가자 특징을 반영한 문장을 생성하고, 전략과 방향 역시 시간대별 흐름에 맞춰 자동 생성해준다

중요한 것은, 이 모든 과정이 단순한 기술 시연이 아니라, 실제 현장에서 바로 활용 가능한 '도구'라는 점이다. 템플릿만 준비되어 있다면, AI는 빈 틀을 효율적으로 채우고, 기획자는 더 창의적인 아이디어에 집중할 수 있다. 그럼 지금부터 나와 함께 제안서를 완성해보자.

템플릿만 잘 만들어도 일이 줄어요

행사 제안서는 대부분 위와 같은 형식을 따른다. 핵심 구성요소는 거의 동일하다. 그렇다면 매번 형식을 새롭게 만들 이유가 있을까? 중요한 것은 내용이다. Canva 또는 Gamma 를 활용해 자주 쓰는 행사 유형별 템플릿을 미리 만들어두면 도움이 된다.

Gamma는 프롬프트만 입력하면 전체 슬라이드 구조와

텍스트, 레이아웃까지 자동으로 만들어준다. 실제 사용자들도 "몇 분 안에 초안이 끝났다", "반나절이면 충분하다"고 말할 정도로 속도가 빠르다. 몇 번 사용해본 나는 놀라움을 금할 수가 없을 정도다.

과거엔 며칠씩 걸리던 작업이 이제는 하루, 반나절, 혹은 단 몇 분 만에 완성되기도 한다. 특히 디자인에 익숙하지 않거나, 빠르게 초안을 준비해야 하는 상황에서는 이 도구들이 큰 힘이 된다.

실무자마다 맡게 되는 대학 컨퍼런스, 기업 워크숍, 지역 축제 같은 행사들은 유형마다 어느 정도 공통된 구성과 흐름이 있다. 이럴 때 행사 유형별로 기본 틀, 즉 '템플릿'을 미리 만들어두면 매번 처음부터 새로 기획할 필요 없이 훨씬 빠르게 작업할 수 있다. 특히 생성형 AI 도구와 함께 활용하면 시간과 품질을 모두 잡을 수 있다.

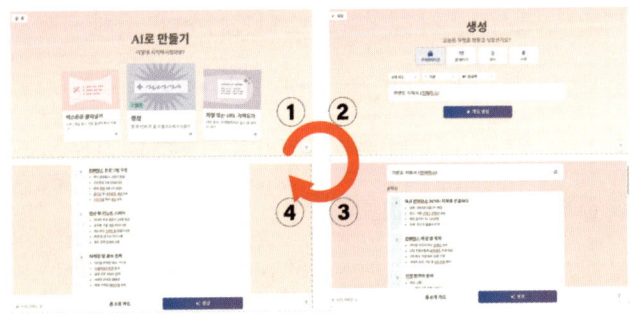

참고링크 https://gamma.app

  위의 예시처럼, Gamma에서는 '프레젠테이션' 유형을 선택한 뒤 입력창에 "이벤트 기획서(컨퍼런스)"라고 입력하면, AI가 자동으로 8장의 슬라이드 구조를 만들어준다. 이 구조는 제목, 일정, 프로그램 구성, 운영 방식 등 주요 항목들이 포함되어 있어, 기획자는 그 안의 내용을 상황에 맞게 수정하기만 하면 된다.

  이어서 테마창에서 원하는 색상과 스타일의 템플릿을 선택한다. 각 페이지에 텍스트양을 '짧게, 보통, 상세' 옵션에 따라 선택하고 맨 하단의 '생성'버튼을 누르면 8페이지의 기본 제안서 템플릿이 완성된다. 이제 상단 우측의

점 3개 항목을 클릭하고 이 파일을 내보내서 다운받는다. 그러면 기본 템플릿이 완성된 것이다. 보통 하루 이상 걸릴 수 있는 작업이 이렇게 정리된 템플릿과 AI의 도움을 받으면 20분 안에도 충분히 완성된다. 즉, 템플릿은 빠르게 시작하고, 품질도 유지할 수 있는 매우 유용한 전략이다.

참고링크 https://gamma.app

키워드 정리는 미리미리

AI는 입력값이 명확할수록 출력값도 좋아진다. 비슷한 행사라도 키워드가 구체적일수록 제안서 품질은 올라간다. 애매하게 "컨퍼런스 행사 기획해줘"라고 하기보단,

"서울 코엑스에서 진행되는 AI 친환경 컨퍼런스, 참가자 500명, 예산 1억, 네트워킹 세션 포함"이라고 요청하는 것이 훨씬 더 정교한 결과를 가져온다.

제안서를 작성하며 컨퍼런스 배경 및 목적에서 아래와 같은 내용을 초안으로 잡았다.

A) 컨퍼런스 배경 및 목적

1. 디지털 트렌드 공유: 최신 혁신 트렌드를 통해 산업의 미래를 조망
2. 네트워킹 기회 산업: 전문가들 간의 소통과 협력의 장을 제공
3. 기업 참여: 국내외 선도 기업과 유망 스타트업의 참여를 지원

그런데 위 배경과 목적을 '2030에 맞춘 생성형 AI의 발전에 따른 친환경 컨퍼런스' 키워드로 보강하면 다음과 같이 변경된다. 그러면 제안서에 들어갈 배경과 목적이 다음과 같이 개선된다.

컨퍼런스 배경 및 목적

1. 디지털 트렌드 공유: 2030세대가 주도할 미래 산업 환경에 맞춰, 생성형 AI·ESG·지속가능 기술 등 최신 디지털 트렌드를 공유하고, 기후위기 시대의 혁신 방향을 조망한다.
2. 네트워킹 기회 산업: 친환경 가치를 실현하고자 하는 청년 창업가, 기술 전문가, 사회혁신 리더들이 모여 세대 간·산업 간 협업을 촉진하고, 세대 공감형 네트워킹을 실현한다.
3. 기업 참여: 2030세대 소비 패턴과 지속가능성을 중심에 둔 글로벌 기업과 스타트업이 참여하여, 친환경 비즈니스 모델을 공유하고 AI 기반의 실천 가능한 솔루션을 제시한다.

따라서 제안서 수정을 업데이트하기 전에 행사 목적, 대상, 장소, 인원, 주제, 특징 등 핵심 정보를 키워드로 정리해두는 것이 좋다.

B) AI와 함께 시작하는 친환경 컨퍼런스 기획

친환경, 2030세대, 생성형 AI… 이런 주제로 컨퍼런스를 기획하라고 하면 어디서부터 시작해야 할지 막막하다.

이제는 스마트한 기획 파 너와 함께 시작할 수 있다. 키워드 몇 개만 입력하면, 행사 이름부터 테마, 세션 주제까지 기획의 뼈대를 빠르게 만들 수 있다

1단계: 키워드만 정리해도 방향이 나온다 먼저 핵심 키워드를 정리해 AI 도구에 입력해보자.

"2030세대 대상 친환경 AI 컨퍼런스를 기획합니다. 업사이클링, 탄소중립, 참여형 워크숍, 네트워킹 세션 중심으로 부탁해요."

이렇게 요청하면, 다음과 같은 제안을 받을 수 있다:

- 행사명 EcoVerse 2025: AI x Green Innovation
- 테마 From Code to Carbon Zero
- 세션 예시

생성형 AI로 설계하는 업사이클 패션
AI 기반 에너지 절약 시스템
2030세대를 위한 그린 테크 창업 가이드

2단계: 남의 기획도 참고하자

좋은 기획은 참고에서 시작된다.

예를 들어, 2024년 국내에서 열린 그린디지털 전환 컨퍼런스는 산업계와 정부 간 협력 세션을 포함해 주목을 받았다. 이를 참고해 "AI 탄소배출 규제 정책 토론" 같은 세션을 구성할 수 있다. 또한 '체인지메이커 컨퍼런스'의 "AI와 함께 만드는 지속가능한 내일"이라는 주제는 참여형 워크숍으로 전환해 활용할 수 있다. 예를 들어 지속 가능한 도시 3D 모델링 워크숍 같은 방식이다.

3단계: 이제 화면에 담을 차례

도구별로 어떤 역할을 하는지 간단히 정리하면 다음과 같다.

도구	활용 용도
ChatGPT	행사 개요, 세션 아이디어, 대상 분석
Midjourney	미래형 무대 및 비주얼 시안 생성
Canva	포스터, 카드뉴스, SNS 콘텐츠 제작

이렇게 기본 뼈대와 시각 자료가 준비되면, 그 위에 기획자의 감성과 메시지를 더하면 된다. AI가 초안을 빠르게 그려주면, 기획자는 그 위에 감성과 방향성을 덧입힐 수 있다. 이제 아이디어를 찾는 시간보다, 내용을 다듬고 깊이 있는 경험을 만드는 시간이 더 중요해졌다. 콘셉트 기획도, 생성형 AI와 함께라면 시작이 한결 쉬워진다

C) 일정표 만들기

친환경 컨퍼런스 템플릿과 키워드 그리고 테마와 컨셉을 정했으면 이제 일정표를 만들어볼 차례다. 초안에는 기조연설(3개 세션, 각 60분 진행), 패널세션(6개 세션, 각 90분), 워크숍 및 네트워킹(5개 세션으로 참가자 간 교류촉진), 스타트업 피치(3개 세션의 혁신 아이디어 발표)라고 작성하며.

"위 내용으로 심포지엄 AGENDA를 표로 만들어줘."라고 요구했다. 그러면 다음과 같은 AGENDA가 나온다.

세션 유형	세션 수	세션당 소요시간	비고
기조연설	3	60분	각 세션별 주요 연사 발표
패널세션	6	90분	전문가 토론 중심
워크숍 및 네트워킹	5	참가자 간 교류 중심	참여형 워크숍 구성
스타트업 피치	3	혁신 아이디어 발표	스타트업 발표 및 질의응답

다음은 요청하신 내용을 표로 정리한 **심포지엄 AGENDA**입니다:

참고링크 https://chatgpt.com

위 항목으로 기본틀은 만들었다. 이제 맨우측 상단에 '복사모양'의 아이콘이 보이게 되는데 이것을 누르면 자동 복사가 되고 엑셀 또는 스프레드시트에 붙이면 아래와 같은 표가된다. 물론 아래표에는 추가적으로 시간과 설명, 장소등을 넣은 것이다. 실무자는 세션을 포함한 세부적인 내용을 넣을 수 있다.

시간	프로그램	설명/활동 내용	장소
09:00~09:30	참가자 등록 및 환영 리셉션	참가자 등록, 네트워킹 및 행사 브로슈어 배포, 커피와 간단한 다과 제공	로비
09:30~10:30	기조연설 1: AI 자속 가능성의 미래	- 연사: 글로벌 환경 전문가 - 주제: "AI 기술이 환경 지속가능성에 미치는 영향"	메인 홀
10:30~11:30	기조연설 2: 그린 테크의 혁신 사례	- 연사: 친환경 스타트업 CEO - 주제: "AI 기반 에너지 효율화 기술"	메인 홀
11:30~12:30	기조연설 3: 자속 가능한 도시 설계	- 연사: 도시 계획 전문가 - 주제: "스마트 시티와 친환경 기술의 융합"	메인 홀
12:30~13:30	점심 및 네트워킹	참가자 간 자유로운 네트워킹 및 점심 제공	다목적 홀
13:30~15:00	패널 세션 1: AI 기후변화 대응 전략	- 패널 토론 및 Q&A - 주요 패널: 글로벌 기업 CTO, 정부 정책 전문가, 환경 NGO 대표	패널룸 A
13:30~15:00	패널 세션 2: 친환경 스타트업 성공 사례 공유	- 패널 토론 및 Q&A - 주요 패널: 업사이클링 제품 제조 스타트업, 재생 에너지 플랫폼 개발자	패널룸 B
15:00~16:30	워크숍 1: AI 기반 탄소 발자국 계산 도구 체험	- 참가자가 직접 AI 도구를 사용해 자신의 탄소 발자국을 분석하고 감축 방안을 설계	워크숍룸 A
15:00~16:30	워크숍 2: 업사이클링 디자인 실습	- 생성형 AI를 활용해 업사이클링 제품 디자인 실습 - 현장에서 제작된 결과를 전시	워크숍룸 B
16:30~17:00	휴식 및 네트워킹	커피 브레이크 및 자유로운 네트워킹	로비
17:00~18:30	스타트업 피치 세션	- 혁신적인 친환경 아이디어 발표 (3개 팀) - 심사위원 피드백 및 우수 아이디어 선정	메인 홀
18:30~19:00	폐막식	- 행사 요약 및 감사 연사 - 우수 발표자 시상식	메인 홀

엑셀에 내용을 복사 후 업데이트한 자료

PART 04 제안서, 자동화하면 이렇게 쉬워져요

D) 주요 세션을 돋보이게 만드는 PPT 페이지 만들기

일정표 구성이 끝났다면, 이제 각 세션을 한눈에 이해할 수 있도록 슬라이드를 준비할 차례다. 가장 효과적인 방식은 세션마다 한 장씩, 핵심 메시지를 중심으로 구성하는 것이다. 세부 슬라이드를 만들 때는 시간대별로 한 장씩 구성하는 것이 좋다. 예를 들어 '09:30~10:30 기조연설 1: AI와 지속 가능성의 미래'처럼 슬라이드 상단에 제목과 시간을 명확하게 표시해 시선을 집중시킨다.

중간 영역에는 이 세션의 핵심 메시지를 간결하게 전달한다. 예를 들어 "기조연설 1은 글로벌 환경 전문가의 인사이트를 통해 지속 가능성과 AI 융합의 비전을 제시하며, 컨퍼런스의 시작을 여는 핵심 세션이다"와 같이 세션의 중요성과 기대 효과를 직관적으로 설명하면 참석자의 이해와 관심을 높일 수 있다.

연사 및 키노트 스피커
09:30~10:30 | 기조연설 1 : AI와 지속 가능성의 미래

글로벌 환경 전문가의 인사이트를 통해 지속 가능성과 AI 융합의 비전을 제시한다. 컨퍼런스의 시작을 여는 핵심 세션.
- 연사: 글로벌 환경 전문가 "김태훈"
- 주제: "AI 기술이 탄소중에 미치는 영향"
- 기대 효과: 기술적 통찰 제공, ESG 중심 경영에 대한 방향 제시

참가자는 ESG를 실현하기 위한 AI의 실제 적용 사례를 접하게 되며, 기업의 지속 가능 전략 수립에 인사이트를 얻게됨.

슬라이드에 담을 세션 정보는 길게 설명하기보다는 핵심만 요약해서 보여주는 것이 효과적이다. 예를 들어 아래와 같이 2~3줄 정도로 정리하면 좋다.

- `연사` 글로벌 환경 전문가 "김태훈"
- `주제` "AI 기술이 탄소중립에 미치는 영향"
- `기대 효과` 기술적 통찰 제공, ESG 중심 경영에 대한 방향 제시

이처럼 한눈에 들어오는 정보 구성이 메시지 전달력을 높인다. 시각 요소도 슬라이드의 완성도를 결정짓는 핵심이다. 가능하다면 연사의 실제 사진을 삽입하고, 세

션 주제와 관련된 이미지를 함께 배치한다. 예를 들어 Midjourney로 제작한 무대 시안이나 'AI × ESG'를 상징하는 시각 자료를 활용하면 좋다. 배경 색상이나 그래픽은 컨퍼런스의 키워드와 분위기에 맞춰 구성해 통일감을 준다.

하단에는 '이 세션을 통해 얻을 수 있는 가치'를 간결하게 표현하자.

예를 들어, "이 세션을 통해 참가자는 ESG 실천을 위한 AI 적용 사례를 접하고, 기업의 지속가능 전략 수립에 필요한 인사이트를 얻게 됩니다."와 같이 작성하면, 슬라이드를 접한 관객이나 관계자에게 명확한 기대감을 전달할 수 있다.

E) 실무자들을 위한 실전 팁

- 간결함: 한 슬라이드당 3~5개 포인트면 충분하다. 불필요한 장황한 설명은 피한다.
- 시각 요소 활용: 아이콘, 그래프, 실제 이미지 등을 적절히

배치하면 이해도가 확 높아진다.
- 디자인 통일성: 폰트와 색상은 일관되게. 초록색, 파란색 등 자연색을 주로 활용한다.
- 참가자 중심 시선: 프로그램 설명에는 "참가자는 무엇을 얻게 되는가"를 분명히 드러낸다. 예를 들어 "실제 도구 체험", "산업 전문가와의 네트워킹 기회" 등이다.

이렇게 정리하면 누구나 명확하고 설득력 있는 행사 기획 슬라이드를 만들 수 있다. 기획 의도는 분명하게, 전달은 쉽고 빠르게, 인상은 시각적으로. 이 4가지를 기억하면 된다.

결과물은 AI가, 다듬는 건 사람의 몫

AI가 빠르게 초안을 작성해주는 것은 분명 큰 장점이다. 하지만 그 결과물을 그대로 사용하는 것은 위험할 수 있다. 문맥이 어색하거나, 표현이 부자연스럽거나, 브랜드 메시지와 어긋나는 경우도 많기 때문이다.

실제로 어떤 경우에는 AI가 '에코 브랜드' 행사를 제안하면서 종이 전단지를 대량 인쇄하자는 내용을 넣기도 했다. 이런 실수를 막기 위해서는 사람이 2차로 꼼꼼히 읽고, 브랜드 관점에서 표현을 다듬는 작업이 꼭 필요하다. 표현의 결을 맞추고, 강조할 부분을 정리하는 것도 기획자의 몫이다.

AI는 빠르게 초안을 만들어주지만, 그 결과물이 언제나 완벽한 것은 아니다. 실제 사례를 보면 이를 명확히 알 수 있다.

한 금융회사는 마케팅 이메일 작성에 AI를 활용했다. 그러나 AI는 "돈 걱정은 이제 그만! 우리와 함께 나면 부자가 될 수 있어요!"라는 문장을 제안했다. 이 표현은 지나치게 캐주얼한 어투로, 신뢰와 전문성을 중시하는 금융업계의 커뮤니케이션 스타일과 맞지 않았다. 결과적으로 브랜드 이미지에 어울리지 않는다는 평가를 받았고, 고객의 신뢰를 오히려 떨어뜨리는 결과를 낳았다. 이는 AI가 문장을 만들 때 업계의 특성과 정서적 뉘앙스를 놓쳤기 때문에 벌어진 일이다.

기술적인 부정확성도 문제다. 한 기술 컨퍼런스 제안서에서 AI는 최신 트렌드라며 "블록체인 기반 클라우드 스토리지"를 언급했다. 그러나 이는 아직 기술적으로 실현되지 않았거나 상용화되지 않은 개념이었다. 제안서를 받아든 전문가들은 기술적 현실성 부족에 의문을 가졌고, 행사 기획의 신뢰도에 타격을 주었다. 이 역시 AI가 데이터에서 단순히 트렌드를 뽑아냈지만 실제 현장성과 타당성을 검토하지 못했기 때문이다.

이러한 오류를 줄이기 위해서는 사람이 반드시 내용을 검토하고 다듬는 2차 감수 과정이 필요하다. 먼저, 브랜드 정체성과 일치하는지 확인해야 한다. 예컨대 친환경 브랜드의 경우 종이 전단지를 언급한 부분을 디지털 홍보 방식으로 바꾸는 것이 적절하다.

또한, 문맥과 표현의 자연스러움을 점검해야 한다. 기계적으로 구성된 문장은 독자에게 어색함을 줄 수 있기 때문에, "재정 계획 전문가와 함께 신뢰할 수 있는 미래를 설계하세요"처럼 감성적이면서도 자연스러운 문장으로 바꾸는 것이 좋다.

사실 확인도 빠질 수 없다. AI가 생성한 기술 정보나 수치, 통계는 반드시 팩트 체크가 필요하다. 앞선 예처럼 상용화되지 않은 기술은 삭제하고, 현재 적용 가능한 기술로 대체해야 한다.

마지막으로, 핵심 메시지를 추출하고 강조할 부분을 명확히 정리하는 과정이 필요하다. "행사의 주요 목표는 지속 가능성과 혁신입니다"처럼 간결하고 뚜렷한 메시지가 독자의 이해를 돕는다.

이러한 흐름 속에서 AI와 인간의 역할 분담이 중요하다. AI는 초안을 빠르게 생성하고 반복적인 작업을 처리하는 데 강점이 있다. 반면 인간은 그 내용을 전략적으로 정리하고, 감성적이고 창의적인 표현으로 완성도를 높이는 역할을 해야 한다. 특히 QA팀이나 마케터 등 담당자가 초안을 2차 검토하는 프로세스는 필수적이다.

결국 AI는 초안을 빠르게 만들어주는 강력한 도구이지

만, 사람의 손길 없이는 완성도 높은 콘텐츠가 될 수 없다. 효율성과 정확성을 동시에 잡기 위해서는 AI와 인간의 협업이 반드시 필요하다.

AI의 실수, 사람이 바로잡다.

어색한 표현의 문구
'돈 걱정은 이제 그만!
우리와 함께라면 부자가 될 수 있어요!'

좀 더 자연스러운 표현
'재정계획 전문가와 함께
신뢰할 수 있는 미래를
설계하세요!'

PART 05
예산도 AI랑 짜보자

행사 예산, AI 툴로 만들면 이렇게 달라져요

이제는 행사 예산도 AI가 도와주는 시대다. 기획자는 더 이상 엑셀 파일을 붙잡고 머리를 싸매지 않아도 된다. 다양한 AI 기반 도구가 과거 데이터와 시장 트렌드를 바탕으로 예산을 자동으로 구성해주기 때문이다. 예산 수립의 정확도는 높아지고, 시간은 절약된다.

행사 예산을 구성할 때는 먼저 행사의 목적과 목표를 명확히 정의해야 한다. 예를 들어 '친환경 컨퍼런스'라면, 핵심 목표를 1) 탄소중립 2) 기술의 확산 3)스타트업 간 네트워킹라고 설정할 수 있다. 목표가 명확해야 예산 배분의 기준도 분명해진다.

예를 들어 LogicBall의 Event Budget Planner Generator에서 행사 유형과 예상 인원을 입력하면 세부 항목별 예산 비율을 자동으로 추천한다. 이 도구는 최대 95%의 예산 예측 정확도를 자랑하며, 전체 예산 설계 시간을 평균 40% 줄이며, 전체 예산의 약 35%까지 절감 효과를 낼 수 있다는 실제 사용자 후기가 있다.

이 도구는 행사 예산을 자동으로 계획해주는 인공지능 기반 도구이다. 사용자가 행사 유형, 예상 인원, 필요한 세부 사항 등을 입력하면, 이 도구는 과거 예산 데이터와 현재 시장 흐름을 분석해 단 몇 분 만에 상세한 예산안을 제안해준다.

장소, 식음료, 인력, 마케팅 등 주요 항목별로 맞춤형 예산을 자동으로 구성해주며, 사용 중에도 실시간으로 수정하거나 업데이트할 수 있다.

대학 행사, 워크숍, 지역 축제 등 다양한 이벤트 유형에 적용할 수 있어 활용도가 높다.

또한 사용하기 쉬운 인터페이스 덕분에 행사 기획 경험이 많지 않아도 누구나 쉽게 사용할 수 있고, 기존의 예산 관리 시스템과 연동도 가능하다.

이벤트 코디네이터, 학생 조직, 관리자 등은 이 도구를 통해 시간과 노력을 절약할 수 있고, 동시에 예산 운영의 투명성도 높일 수 있다. 즉, LogicBall의 이 예산 자동화 도구는 빠르고 정확하게 행사 예산을 설계해주는 실무형 인공지능 도구이다.

예산을 분배할 때 다음과 같이 분배했다고 가정해보자. 연사 섭외(30%), 장소 대여(25%), 홍보 및 마케팅(20%), 기술장비(15%), 식음료 및 기타(10%)의 비율로 구성하되, 목적에 따라 약간의 조정이 가능할 수 있다. 예를 들어, 탄소중립이 핵심 키워드라면 지속 가능한 시설 대여나 재활용 가능한 홍보물 제작에 더 많은 예산이 배정될 수 있도록 한다.

항목	예산 비율	설명
출연진/연사 섭외	30%	주요 연사 섭외비와 패널 토론 전문가 비용. 연사 수준이 행사의 성공에 중요한 요소.
장소 대여비	25%	행사 규모에 맞는 장소 선택. 친환경 컨퍼런스라면 지속 가능한 시설 우선 고려.
홍보 및 마케팅	20%	디지털 광고, 소셜 미디어 캠페인, 브로슈어 제작 등. 참가자 모집에 필수적.
기술 장비 및 설치	15%	음향, 조명, AI 기반 도구 설치 비용. 기술적 완성도를 높이는 데 중요.
식음료 제공 및 기타	10%	참가자 만족도를 높이는 다과 및 점심 제공. 기타 예상치 못한 비용 대비를 위한 비상금 포함.

나는 실제 https://logicballs.com/ko/tools/college-event-budget-planner-generator 링크에 들어가서 위 예산을 한글로 입력하고 과연 얼마나 절약할 수 있는지 실행해보았다. 예산배분에 따라 총액을 약 1억 4천만원 (USD 100,000)으로 설정했다.

참고자료 https://logicballs.com/ko/tools/college-event-budget-planner-generator

그랬더니 다음과 같이 조언을 해준다. 물론 영어로 답변해준다. 그러나 요즘 구글번역 또는 Deeple 같은 번역 앱 기능이 좋아서 내용을 금방 파악할 수 있다. 참고로 조언하는 내용이 길어서 아래와 같이 요약해본다.

예산 구성할 때 꼭 챙겨야 할 포인트

1. 비용 항목 구체화 필요
   - 발표자 비용, 기타 항목 등은 세부 내역이 부족해 조정이 어려움.
   - **추천**: 발표자 항공/숙박비, 기타 항목의 범주 세분화 필요.

2. 예산 대비 효율성 점검
   o 장소 + 발표자 + 시청각 장비 비용이 전체 예산의 56% 차지.
   o **추천**: 대체 가능한 친환경 장소, 지역 발표자 섭외로 비용 절감 가능.

3. 수익 모델 다변화 부족
   o 상품 판매 외 추가 수익원 부재.
   o **추천**: 기업 부스 참가비, 워크숍 유료 참여, 탄소 크레딧 기부 캠페인 등 다각적 수익 모델 고려.

4. 예비비 비중 부족
   o 전체 예산의 약 6.5%만 예비비로 설정.
   o **추천**: 예상치 못한 상황에 대비해 10~15% 수준으로 확대 권장.

5. 지속적 추적 체계의 도식화 부족
   o 추적 방법은 설명되어 있으나 실제 운영 툴 또는 주체가 명확하지 않음.
   o **추천**: Google Sheet + 공유 권한 + 책임자 지정 + 주간 리뷰 일정 명시 필요.

실무자라면 특히 다음과 같은 점을 놓치지 말아야 한다. 먼저, 전체 예산 중 꼭 필요한 핵심 항목부터 먼저 배정하고, 상대적으로 덜 중요한 항목은 그 이후에 고려하는 것이 좋다. 또한 여러 공급업체로부터 견적을 비교해보고, 가능한 경우 패키지 형태로 계약을 맺으면 비용을 줄이는 데 도움이 된다. 예상치 못한 상황에 대비해 전체 예산의 10~15% 정도는 비상용으로 따로 확보해두는 것도 안정적인 예산 운영에 중요하다.

결국 AI는 기획자의 시간을 아끼고, 효율을 높여주는 훌륭한 파트너다. 하지만 행사 기획의 핵심은 여전히 '사람'에게 있다. 데이터를 활용하되, 목적과 감성을 잃지 않는 균형이 성공적인 예산 기획의 열쇠다.

PART 06

공감하는 카피, AI가 써요

성공적인 국내 AI 카피라이팅 사례는 마케팅 현장에서 AI의 가능성을 현실로 보여준 좋은 본보기이다.

브랜드들이 감정을 팔고 있는 방법

가) 현대백화점 이야기

현대백화점은 네이버의 초대규모 언어모델 '하이퍼클로바'를 기반으로 한 AI 카피라이팅 시스템 '루이스(Luice)'를 도입했다. 이 시스템은 고객의 감정을 자극하는 문구를 빠르게 생성할 수 있도록 설계되었다. 예를 들어, 봄 시즌을 겨냥해 "향기로 기억되는, 너의 새로운 시작"이라는 문구나 "봄날의 피부를 깨우다 - 다가오는 봄, 꽃처럼 화사하게 피어나는 피부를 위해 오에라가 새로운 스킨케어를 제안합니다"와 같은 카피를 생성했다. 그 결과, 타깃 연령대인 20대와 50대의 감성에 맞는 어투와 톤을 조절하여 고객 반응을 극대화할 수 있었고, 기존에 평균 2주 걸리던 카피 제작 시간을 3~4시간으로 단축하는 성과를 거두었다.

나) CJ는 어떻게 했을까?

CJ는 '성향맞춤 AI 카피라이터'를 개발해 고객의 성향에 맞춘 문구를 자동으로 생성했다. 감정적인 소비자에게는 "당신의 하루를 특별하게 만들어줄 이 제품을 만나보세요!"처럼 감성적이고 대화체를 활용한 문구를, 이성적인 소비자에게는 "이 제품은 99%의 만족도를 기록하며 최고의 품질을 보장합니다"처럼 객관적인 수치를 기반으로 한 문구를 제시했다. 이 같은 성향 기반 접근 방식은 마케팅 프로모션의 반응률을 평균 30% 이상 끌어올리는 데 기여했다.

다) 코바코의 사례

한국방송광고진흥공사(코바코)의 '아이작(AiSAC)'이다. 이는 카카오브레인의 KoGPT를 기반으로 한 AI 카피라이팅 서비스로, 특히 중소상공인을 위해 개발된 솔루션이다. "이 커피 한 잔으로 당신의 아침을 새롭게 시작하세요"나 "우리 가게에서만 만날 수 있는 특별한 순간을 경험해보세요" 같은 문구는 누구나 공감할 수 있는 일상의 감정을 담았다. 결과적으로 식음료, 의류 등 다양한 업종에서 광고 반응률이 눈에 띄게 상승했다. 이 3가지 사례는 AI가 단순히 문구를 생성하는 도구를 넘어서, 소비자의 감정과 성향을 이해하고 이를 통해 마케팅 성과를 실질적으로 향상시킬 수 있다는 점을 잘 보여준다.

성공적인 국내 AI 카피라이팅 사례는 마케팅 현장에서 AI의 가능성을 현실로 보여준 좋은 본보기이다.

생성형 AI가 도와주는 감정 기반 행사 글쓰기

감정을 기반으로 한 콘텐츠가 얼마나 효과적인지를 보여주는 대표적인 해외 사례가 있다. 바로 Persado와 Amazon의 AI 활용 마케팅 전략이다. 두 기업은 각각 감성 언어 분석과 개인 맞춤형 추천 기술을 통해 소비자의 반응을 이끌어내고 전환율을 크게 높였다.

Persado는 고객의 감정 상태를 분석한 뒤, 이를 반영한 맞춤형 문구를 생성한다. 예를 들어 '행복', '안전', '긴급' 같은 감정을 건드리는 표현은 실제 구매 행동을 유도하는 데 매우 효과적이었다.

예를 들어 긴급함을 자극할 때는 "지금 바로 구매하세요! 마지막 기회입니다."와 같은 문구를, 행복감을 유도할 때는 "당신의 하루를 밝게 만들어줄 특별한 혜택을 확인하세요."라는 메시지를 사용했다. 안전을 강조할 때는 "우리 제품은 당신의 안전을 최우선으로 생각합니다."와 같은 문장을 활용했다.

한 글로벌 소매 브랜드는 이 같은 방식으로 광고 캠페인을 진행한 결과, 기존보다 35% 높은 참여율을 기록했다. A/B 테스트를 통해 가장 효과적인 메시지를 지속적으로 최적화한 것도 주요한 성과 요인이었다.

Amazon은 고객의 검색 이력과 구매 데이터를 분석해, 개인 맞춤형 상품 추천 문구를 생성했다. 이를 통해 고객이 원하는 제품을 더 빠르게 찾을 수 있도록 했고, 결과적으로 구매 전환율도 눈에 띄게 상승했다.

예를 들어 "당신이 좋아할 만한 상품입니다: 선물 상자, 지금 바로 확인하세요." 또는 "글루텐 프리 제품을 찾으셨나요? 이 시리얼은 당신에게 딱 맞습니다." 같은 문구가 자동으로 생성됐다. 이 방식은 클릭률을 약 25% 높였고, 구매 전환율은 30% 이상 증가했다.

AI가 문장을 제안하고, 기획자가 감정을 입힌다

기획자가 이벤트 행사 실무에 적용할 수 있는 전략은

무엇일까? 위와 같은 전략은 슬로건 작성을 위한 이벤트 마케팅에도 충분히 응용할 수 있다.

과거에는 초대장이나 홍보 메시지를 쓸 때 어떤 톤이 좋은지, 어떤 표현이 효과적인지 일일이 고민해야 했다. 하지만 이제는 "감정을 자극하는 카피"를 AI에게 먼저 제안받고, 그중에서 상황에 맞는 표현을 골라 조정하면 된다.

예를 들어 이런 상황이 있다고 해보자.

♣ 대학 행사 초대장, 그냥 쓰면 이렇게 된다:

"OO대 행사에 초대합니다. 많은 관심과 참여 부탁드립니다."

사실 이 문장은 틀리진 않지만, 너무 무난하고 감정이 느껴지지 않는다. 이럴 때 생성형 AI에 '행복', '긴급함', '안전감'을 표현하는 문장을 만들어줘라고 요청해보자. 그럼 아래처럼 변신할 수 있다.

- "등록 마감 임박! 단 하루만 열리는 특별한 기회를 놓치지 마세요."
- "당신의 하루를 밝게 만들어줄 대화, 간식, 선물까지 모두 준비했어요!"
- "행사장 내 모든 공간은 방역 완료! 안심하고 즐기실 수 있어요."

이렇게 표현을 바꾸면, 이메일 제목만으로도 열람률이 올라갈 것이다. 특히 MZ세대는 '이모지'와 감정 단어에 민감하게 반응하는 경향이 있다.

♣ 세션 안내도 감정을 담으면 다르다

- 단순 표현: "10시 세션: AI 기술의 미래 / 연사: 김○○ 박사"
- 감정 기반 표현:
  o "지금 아니면 못 듣는 이야기, AI가 바꾸는 내일을 김○○ 박사가 말합니다"
  o "탄소중립에 관심 있으세요? 이 세션에서 그 해답을 미리 체험해보세요"
  o "무겁지 않아요! 누구나 이해할 수 있는 AI 이야기, 지금 시작합니다"

이처럼 감정 기반 메시지는 참가자의 흥미와 몰입도를 끌어올리는 데 효과적이다.

♣ 개인 맞춤형 메시지도 AI가 도와준다

참가자의 과거 참여 기록, 관심사 데이터를 기반으로 개인화 메시지를 자동 생성하면 등록 전환율이 높아진다.

- "데이터 기반 콘텐츠에 관심 있으셨죠? 이번 컨퍼런스는 당신을 위한 세션으로 가득해요"
- "네트워킹 좋아하셨던 분이라면, 이번엔 스피커와 함께하는 그룹 모임을 추천드려요"

이 방식은 Amazon처럼 '개인 맞춤형 추천' 알고리즘을 적용한 행사 문구 설계법과 유사하다. 설문 툴(Jotform, Typeform 등)과 연계해 손쉽게 구현할 수도 있다.

☞ 실무자가 기억해야 할 포인트

- 문장 하나, 단어 하나의 변화가 클릭률을 바꾼다.
  A/B 테스트를 통해 가장 효과적인 표현을 찾아가는 실험이 꼭 필요하다.

- 이모지 + 감정 단어 조합은 기본이다.
  눈에 띄게 만들고, 공감을 끌어내는 가장 쉬운 방법이다.

- AI는 도구이고, 메시지의 '온도'는 사람이 정한다.
  생성형 AI가 문장을 빠르게 제안해주는 만큼, 기획자는 메시지를 상황과 대상에 맞춰 조율하는 감각을 갖춰야 한다.

감정을 자극하는 콘텐츠는 단순한 정보 전달을 넘어서 행사의 몰입도를 바꾸는 강력한 도구가 된다. 생성형 AI를 잘 활용하면, 누구나 감성 있는 문장을 쉽게 만들 수 있다. 이제 시작은 기술로, 마무리는 감성으로 완성할 차례다. 나는 모 대학의 사전 설문자료를 작성하기 위해 구글폼을 사용했다. 설문에 들어갈 내용으로 "대학에서 가장 기대되는 특별한 순간이 무엇인지 설문작성을 위한 내용을 MZ세대의 언어와 수준에 맞춰서 구성해줘"라고 요청했다. 그리고 다음과 같은 샘플 결과물을 받았다.

> 3.(대학에서) 가장 기대되는 특별한 순간은 무엇인가요?
> 1) 전공 수업 첫 수강
> 2) 새 친구들과의 첫 만남
> 3) 동아리 또는 학회 가입
> 4) 첫 시험을 마친 후의 해방감
> 5) 기타 (여러분이 기대하는 다른 특별한 순간을 적어주세요!)

▶

> **3. 대학 생활 중 가장 기대되는 순간은?**
> 🎓 캠퍼스 라이프의 하이라이트! 가장 두근거리는 순간은?
> • 내 이름이 적힌 강의실에 첫 입장
> • 새로운 친구들과 처음으로 인사하기 👋
> • 동아리 or 학회 활동 시작하기 🎉
> • 시험 끝! 자유 만끽하는 순간 🎊
> • 기타 (여러분이 기다리는 순간을 적어주세요!)

그렇다면 이런 질문이 들 수 있다.

"AI가 다 해주는데, 실무자는 뭘하지?"

하지만 오히려 AI가 다해주기에 기획자(실무자)가 가장 중요한 역할을 맡게되었다. 생성형 AI는 몇 초 만에 멋진 문구나 아이디어를 만들어 주지만 그 결과물이 우리 행사에 맞는지, 누구에게 어떤 방식으로 보여줄지 결정하는 건 사람이다. 생성형 도구들이 주는 건 '초안'이다. 이걸 잘 버무리고 요리해서 행사에 딱 맞는 요리를 만들어 내는 것이 바로 실무자의 몫이다. 그러기에 질문이 중요하다. 질문에 따라 결과가 달라진다.

생성형 도구에게

"20대 대학원생 대상 푸드트럭 캠페인, 참여를 유도할 홍보 문구 5개 생성해줘"라고 요청했더니 아래와 같이 5개의 예제가 나왔다.

1. "논문 스트레스, 맛있는 한 끼로 날려버리자! 오늘은 푸드트럭이 쏜다!"
2. "도서관 대신 푸드트럭 앞에서 만나요! 공부하다 허기질 때, 꿀맛 간식이 기다려요!"
3. "지친 하루, 캠퍼스에 찾아온 푸드트럭에서 에너지 충전!"
4. "연구실 탈출! 친구랑 같이 푸드트럭 먹방 도전, 인증샷 이벤트까지!"
5. "20대 대학원생만을 위한 특별 메뉴! 지금 푸드트럭에서 맛보고, 선물도 받아가세요!"

위 문구 가운데 어떤 게 이번 행사에 맞는지, 어떤 부분을 바꿔야하는지 판단하는 것은 기획자의 몫이다. 데이터만으로는 부족하다. 분위기나 타이밍, 공감 포인트는 현장을 잘 아는 사람이 더 잘 안다. 생성된 콘텐츠를 행사 전.중.후 어디에 어떻게 쓸지 설계하는 게 바로 실무자의 전략이다. 생성형 AI는 아이디어를 빠르게 내주는 똑똑한 친구다. 하지만 무엇을 선택할지, 어떻게 활용할지는 여전히 기획자의 판단에 달려있다. 앞으로의 기획자는 더 전략적이고 더 창의적인 역할을 맡게 될 것이다. 기술을 잘 다루되, 사람을 중심에 두는 감각을 놓치지 않는 사람. 그게 바로 현재 가장 주목받는 실무자의 모습이 아닐까 한다.

PART 07

사고 났을 때,
AI가 플랜B를 도와줄까?

실제 사례로 보는 대응력

현재 국내에서는 위기 상황에 대한 '플랜 B'를 실시간으로 자동 구성해주는 생성형 기술 활용 사례는 아직 많지 않다. 하지만 이벤트 운영 현장에서 다양한 방식으로 도입되고 있는 기술 사례들을 살펴보면, 실무자 입장에서 참고할 만한 대응 전략이 충분히 존재한다.

첫 번째는 서울 강남역 일대에서 도입된 인원 밀도 관리 시스템이다. 이 시스템은 CCTV와 영상 인식 기술을 결합해 특정 구역의 혼잡도를 실시간으로 분석하고, 일정 기준을 초과할 경우 전자 게시판을 통해 시민에게 안내 메시지를 전달했다. 만약 이와 같은 솔루션을 행사장에 적용한다면, 군중이 집중되는 지역에서 안전사고를 예방하거나 입장 동선을 유도하는 등 효과적인 대응이 가능하다.

두 번째는 국립공원공단의 방문자 안전 관리 시스템이다. 이 기술은 센서와 영상 분석을 기반으로 낙석, 홍수, 야생동물 출몰 등 다양한 위험 요소를 감지하며, 이상 상황 발생 시 즉시 경고 메시지를 전송한다. 축제나 대형 공연처럼 참가자 동선이 복잡한 행사에서도 이와 유사한 시스템을 통해 실시간 위험 감지 및 신속 대응이 가능하다.

이처럼 첨단 기술의 도입은 예기치 못한 변수에 보다 체계적으로 대처할 수 있는 가능성을 열어주고 있다. 그러나 모든 상황을 기술로 완벽히 제어할 수 있는 것은 아니다. 실제 현장에서는 여전히 경험 많은 연출자의 직관과 감각이 중요한 역할을 한다. 특히 예측할 수 없는 돌발 상황이나 현장의 분위기를 빠르게 읽고 유연하게 판단하는 일은 사람의 고유영역이다.

결국 중요한 것은 기술과 사람의 균형이다. 시스템은 빠른 정보 제공과 위험 감지를 지원하고, 실질적인 판단과 결정은 현장을 가장 잘 아는 기획자가 수행해야 한다.

날씨, 연사 지연, 장비 고장... 어떻게 대처할까

대한민국에서 이벤트를 진행할 때 가장 어려운 점 중

하나는 현장에서 예기치 않게 발생하는 변수와 돌발 상황이다. 이러한 변수는 사소해 보일 수 있지만, 행사 전체의 흐름과 품질에 큰 영향을 미치기도 한다.

첫 번째 변수는 **날씨 변화**이다. 야외 행사에서는 갑작스러운 비가 가장 흔한 변수 중 하나이다. 예를 들어, 한 파티플래너는 날씨 예보에 비 소식이 있을 경우 미리 천막을 준비하고, 일정에 맞춰 비가 그친 후 작업을 재개하는 방식으로 유연하게 대응했다. 사전 대응이 없었다면, 행사는 중단되거나 혼란스러워졌을 것이다. 필자는 지난 5월, 야외 광장에서 열린 패밀리 피크닉 행사를 진행한 적이 있다. 행사 전, 주최 측과의 논의 과정에서 햇빛을 피할 수 있는 그늘막 설치가 필요하다는 의견을 제안했다. 하지만 주최 측은 최종적으로 설치하지 않기로 결정했다. 그 결과, 행사 당일 뜨거운 햇볕을 피해 대부분의 참가자들이 무대 앞이 아닌 나무 그늘 아래로 이동하는 상황이 벌어졌다. 무대에서는 훌륭한 공연이 펼쳐졌지만, 정작 그 앞에는 관객이 거의 없는 (그늘이 있는 곳에 숨어서 관람하는) 안타까운 장면이 연출되었다.

두 번째는 **연사 지연**이다. 교통 문제나 개인 사정으로 인해 연사가 제시간에 도착하지 못하는 경우가 종종 발생한다. 이럴 때는 MC가 시간을 끌거나 사전 준비한 영상 콘텐츠나 인터랙티브 프로그램으로 대체해야 한다. 한 가지 에피소드를 소개한다. 과거 내가 행사 현장에서 연출을 맡았을 때, 주최 측이 섭외한 아나운서가 예정 시간에 도착하지 않는다는 연락을 받았다. 담당자는 당황한 듯 나에게 대안을 요청했고, 나는 잠시 고민하다가 헤드셋을 벗고 직접 무대로 올라갔다. 경품함을 들고 아나운서가 도착할 때까지 경품 추첨을 진행한 것이다. 약 10~15분쯤 지나 아나운서가 도착했고, 우리는 큰 혼란 없이 자연스럽게 다음 순서를 이어갈 수 있었다.

물론 돌이켜보면 당시 관객 입장에서는 '누군가 무대에 올라왔는데 아나운서는 아닌 것 같고, 경품 추첨을 하긴

하는데 좀 어색하다'고 느꼈을지도 모른다. 하지만 아무런 안내 없이 무대가 멈춰있는 것보다는, 흐름을 유지하며 시간을 채우는 편이 훨씬 나았다고 생각한다.

세 번째는 **기술 장비 고장**이다. 마이크가 작동하지 않거나 조명이 꺼지는 상황은 언제든 일어날 수 있다. 예를 들어, 드론 라이트쇼 준비 도중 일부 드론에 문제가 발생했다면, 비용에 들더라도 예비 드론과 대체 조명 시스템이 사전에 준비되어 있어야 만일에 대비할 수 있을 것이다.

한 번은 행사 도중 LED 스크린의 전원이 꺼지는 일이 있었다. 당시 사용된 LED는 가로 8m, 높이 3m 크기의 대형 화면이었고, 마침 중요한 연사의 발표가 진행 중이던 시점이라 절대 꺼져서는 안 될 순간이었다. 눈앞이 아찔해졌다. "이럴 땐 도대체 어떻게 해야 하지?"라는 생각이 머리를 스쳤다.

영상 감독은 무대 뒤쪽 LED 기판과 콘솔 장비를 번갈아가며 점검하느라 정신이 없었다. 더 큰 문제는 영상 장비와 함께 연결돼 있던 중계팀의 전기까지 나가기 직전이었다는 점이다. 다행히 중계팀은 UPS 예비 전력을 갖추고 있어, 짧은 시간이지만 버틸 수 있었다.

현장은 혼란스러웠고, 그렇게 15분이 흘렀다. 메인 전기에는 이상이 없었다. 다만 영상 장비의 전원이 잘못되었다는 점만 인지했다. 장비 전원을 다른 라인에서 다시 연결하고 재부팅한 끝에 LED 화면이 다시 켜졌고, 다행히 다음 순서를 이어갈 수 있었다.

이 사건 이후, 나는 전기 점검을 행사 준비의 핵심으로 생각하게 됐다. 하드웨어 팀과 함께 사전에 전력 상태를 점검하기 시작했고, 규모가 큰 행사일수록 반드시 UPS 장비를 준비해 예비 전력을 확보하려고 노력중이다. 특히 무대 쪽 콘솔과 장비들은 발전차와 직접 연결되도록 ATX 장비를 사용하는 것의 중요성을 절감했다.

물론 한국에서는 보통 한국전력의 전기를 신뢰하고 기본 전원으로 사용하지만, 예기치 못한 상황은 언제든 발생할 수 있다. 이 경험을 통해 예비 전력의 중요성과 장비

상태, 특히 노후 장비에 대한 점검의 필요성을 절실히 느끼게 되었다. 이처럼 돌발 상황은 예고 없이 찾아온다. 결국, 이런 상황을 원활하게 넘기는 핵심은 연출가의 **철저한 준비**와 **유연한 대응력**에 있다.

베테랑 연출자의 3가지 생존 스킬

성공적인 행사 뒤에는 언제나 경험 많은 연출가의 준비와 판단이 있다. 이들은 수많은 현장을 거치며 축적된 노하우로 돌발 상황에도 흔들림 없이 대응한다. 그들이 공통적으로 갖추고 있는 역량은 세 가지로 요약할 수 있다.

1. 체계적인 준비

숙련된 연출가는 사전에 치밀한 리허설을 진행하고, 체크리스트를 바탕으로 모든 변수와 장비 상태를 꼼꼼히 점검한다. 사소해 보이는 디테일도 놓치지 않으며, 이러한 준비는 실제 상황에서 위기 대응의 속도와 품질을 좌우한다.

2. 빠른 소통과 유연성

현장은 언제든 예상치 못한 변수에 직면할 수 있다. 이때 팀원 간의 신속한 소통과 유연한 대응이 중요하다. 경험 있는 연출가는 현장에서 바로 판단하고, 적절한 역할을 팀원에게 배분해 혼란을 최소화한다.

3. 직관과 판단력

오랜 경험을 가진 연출가는 말 그대로 '현장 감각'이 뛰어나다. 상황을 빠르게 읽고, 계획을 수정하거나 즉흥적인 결정을 내릴 수 있는 능력이 탁월하다. 실제 현장에서도 연출가는 팀원 및 상사와의 짧은 협의를 통해 최선의 대응책을 도출해낸다.

국내 이벤트 현장은 언제나 변수와 돌발 상황의 연속이다. 지금까지는 그런 예기치 못한 순간마다 연출가의 경험과 직관이 현장을 지켜왔다. 일정 최적화나 데이터 분석에 있어 기술은 이미 훌륭한 도구가 되었지만, 위기 대응만큼은 여전히 사람의 판단이 핵심이다.

하지만 한번 상상해보자. 아직은 위기의 순간마다 기획자가 직접 나서서 결정하고 수습하는 일이 당연하게 여겨지지만, 언젠가 현장에서 먼저 '플랜 B'를 제안해주는 인공지능 파트너가 있다면 어떨까? 데이터 기반의 판단과 사람의 감각이 맞물릴 때, 우리는 더 빠르고 유연한 행사 운영이라는 새로운 가능성에 다가갈 수 있다. AI와 사람의 조화는 그 자체로 현장을 더 단단하게 만들어주는 힘이 될 수 있다.

실무자를 위한 현장 대응 팁

- **사전 시나리오 마련**

연사 지연, 날씨 변화, 장비 고장 등 다양한 돌발 상황을 가정해 대체 프로그램과 동선 플랜을 미리 준비해둔다.

- **대체 자원 확보**

음향 장비, 예비 콘텐츠, 추가 인력 등 필수 자원의 여분을 항상 확보해두면 위기 시 빠르게 대처할 수 있다.

• **참가자 커뮤니케이션 강화**

문제가 발생했을 때는 참가자에게 빠르고 명확한 안내가 무엇보다 중요하다. 혼선을 줄이고 신뢰를 유지하는 핵심 요소다.

또 행사가 끝난 후에는 발생했던 문제와 대응 과정을 정리해 문서화하고, 이를 팀 내에 공유한다. 이는 다음 행사 준비에 큰 자산이 된다.

PART 08
감성을 만드는 하드웨어, AI가 도와줘요

기술은 냉정하다. 그러나 잘만 쓰면 사람의 감정을 건드린다. 실제로 행사장에서 가장 기억에 남는 순간은 거창한 프로그램보다도 한 줄기 빛, 한 소절의 음악, 그리고 무대 뒤편에 흐르는 영상에서 비롯될 때가 많다.

요즘은 AI가 이러한 감정을 이해하고 연출을 돕는다. 예를 들어 BPM(비트 퍼 미닛)과 '희망', '잔잔함', '마무리' 같은 분위기 키워드를 입력하면, 생성형 AI는 상황에 맞는 음악을 자동으로 추천해준다.

음악으로 분위기 설계하는 법

행사장에서 음악은 분위기를 만드는 핵심 도구다. 잘 짜인 한 곡의 음악은 공간의 온도를 바꾸고, 메시지에 감정을 더하며, 참가자의 몰입도를 끌어올리는 힘이 있다. 최근에는 이 음악 선택의 과정마저도 AI가 바꾸기 시작했다. 실제 현장에서 어떻게 활용되고 있는지, 그 방법을 정리해봤다.

서울장애인종합복지관에서는 실험적인 시도를 했다. 참가자들이 직접 작성한 사연을 ChatGPT로 가사화하고, Suno AI로 이를 음악으로 제작했다. 그 결과, 참가자들은 "자신의 감정과 이야기를 음악으로 표현하며 특별한 경험을 했다"고 평가했다. 행사 이후 진행된 인터뷰와 참여자 피드백 결과, 많은 참가자들이 긍정적인 반응을 보였다. 일부는 "다시 참여하고 싶다"는 의사를 직접 밝히기도 했다. 전반적인 만족도가 높았다는 점은 복지관 측의 내부 보고와 참여자 인터뷰를 통해 명확히 확인되었다.

이번 행사에서 사용된 주요 AI 도구는 두 가지였다. 첫째는 **ChatGPT**이다. 이 도구는 참가자의 사연을 분석해 감정을 담은 텍스트 기반의 가사를 생성했다.

둘째는 **Suno AI**였다. 이 도구는 ChatGPT가 만든 가사를 바탕으로 음악을 만들어낼 수 있는 도구다. BPM(템포), 장르, 사용 악기 등도 세부적으로 설정할 수 있고 실제로는 재즈와 힙합이 결합된 'Jazz Hop' 스타일의 잔잔한 피아노 곡을 제작할 수 있는 기능이 있다. 이처럼 AI 기술은 행사에 참여한 사람들의 감정에 자연스럽게 스며들며, 보다 몰입도 높은 경험을 만들어냈다.

어떤 음악을 써야 할까? 전략이 필요해요

음악을 고를 땐 감이 아닌 전략이 필요하다. 가장 먼저 할 일은 행사 목적과 타깃을 분석하는 것이다. 예를 들어 기업 컨퍼런스라면 "혁신", "전문성", "역동성" 같은 키워드가 중요하고, 웨딩 행사라면 "로맨틱", "따뜻함", "우아함" 같은 정서가 어울린다.

그 다음은 음악의 메타데이터를 참고하면 된다. 감정 키워드(희망, 열정, 차분함), BPM(80~160), 사용된 악기(피아노, 일렉기타, 오케스트라), 장르(팝, 클래식, EDM) 등으로 검색 범위를 좁히면 훨씬 빠르게 정확한 곡을 찾을 수 있다. 필자의 경우는 BGM 선정시 Motion Array라는 사이트를 활용한다. Music에 들어오면 필터에서 BPM, Duration(소요시간), Genre(장르), Mood(무드), Video Theme(비디오테마),

Instrument(악기)등을 선택할 수 있다.

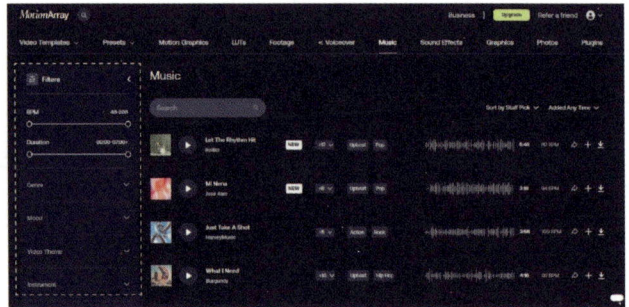

참고자료 https://motionarray.com

인디제이와 멜론 AI는 어떤 음악을 추천할까

인디제이(inDJ)는 행사 시간대와 날씨, 감정 분석을 조합해 '잔잔한 재즈'나 '몽환적인 일렉트로닉'처럼 딱 맞는 장르를 자동으로 재생해준다. 2024년 인디제이 내부 데이터에 따르면 사용자의 평균 재생 시간은 35%나 증가했다. 사용자의 선호도와 행동 패턴을 학습하여 개인화된 음악 채널 및 방송을 제공할 정도니 행사 분위기에 맞는 음악을 실시간으로 추천을 받아보길 바란다.

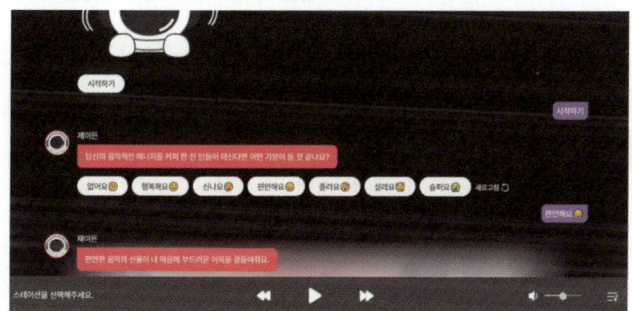
참고자료 https://indj.ai

이외에도 멜론의 AI 기술은 음악 청취 환경을 보다 정교하게 설계해주는 세 가지 핵심 기능을 갖추고 있다. **EQ 설정과 개인화된 추천 시스템**을 통해 사용자 맞춤형 음악 경험을 제공한다. EQ AI 마스터와 음량 최적화 기능은 일상적인 감상은 물론, 행사나 라이브 공연에서도 활용 가능성이 높아 이벤트 실무자들에게 실질적인 도움이 되는 도구로 자리 잡고있다. 또 **앰비언트 모드**를 활용해 라이브 이벤트나 공연 현장에서 현장감을 극대화한다. 이 기능은 실시간 볼륨 최적화를 통해 모든 참석자에게 균일

한 음향 경험을 제공함으로써 몰입도를 높이는 데 효과적이다. 그리고 **음량 최적화(Loudness Normalization)** 기능은 곡마다 다르게 설정된 볼륨을 표준 값으로 자동 조정해준다. 이를 통해 갑작스러운 음량 변화로 인한 청각 피로를 줄이고, 보다 안정적이고 일관된 청취 환경을 제공한다. 이처럼 멜론의 AI 기술은 단순한 음악 추천을 넘어, 행사와 같은 실무 현장에서도 유용하게 적용될 수 있는 다기능 플랫폼으로 발전하고 있다.

이제 AI는 단순히 음악을 찾아주는 기술을 넘어, 감정을 읽고 제안하는 '음악 큐레이터'로 발전했다. 실무자는 AI가 제공한 플레이리스트를 바탕으로, 행사에 어울리는 감성과 브랜드 정체성을 덧입히는 것이 중요하다. 감정을 설계하고, 순간을 빛내는 음악. 그 중심에 AI가 함께하고 있다.

조명으로 분위기 바꾸는 법

　조명은 단순히 공간을 밝히는 기능을 넘어서 무대의 감정을 설계하는 핵심 요소이다. 특히 무빙라이트와 LED 조명이 등장하면서, 무대 위 인물의 움직임이나 관객의 흐름에 따라 실시간으로 색상과 밝기가 변하는 연출이 가능해졌다. 조명이 타이밍에 맞춰 변화할 때, 무대는 마치 살아 있는 듯한 생동감을 전달한다.

　최근에는 AI와 센서 기술이 결합된 스마트 조명 시스템이 등장해, 이벤트 연출의 효율성과 창의성을 동시에 끌어올리고 있다. 기술은 차갑지만, 잘 활용하면 사람의 감정을 움직이는 따뜻한 연출을 만들어낸다.

　자동 조정 조명 시스템인 Smart Lighting Control Systems는 모션 센서와 AI 기반 조명 제어 기술을 바탕으로 한다. 무대 위 인물의 움직임을 감지해 조명의 색상과 밝기를 자동으로 조정하고, 음향과 영상과도 연동해 하나의 장면이 입체적으로 완성되도록 돕는다.

공연 전에는 프리셋 기능을 통해 주요 장면(예: 오프닝, 전환, 피날레 등)을 미리 설정할 수 있다. 이는 공연 중 자동 전환으로 연결되어 실시간 운영의 부담을 줄여준다. 배우가 무대 특정 지점에 진입하면 그 구역만 밝아지는 '구역 조명' 기술도 정교한 연출을 가능하게 한다.

실무자가 활용할 수 있는 전략으로 각 장면을 미리 프리셋으로 설정하고 음악, 대사, 영상과 조명을 동기화하면 장면의 몰입감을 극대화할 수 있다. 연사나 배우의 예기치 못한 이동이나 스케줄 변경에 따라 조명이 자동 반응하면, 전체적인 연출 흐름이 자연스럽게 이어진다. AI 기반 시스템은 즉흥적인 상황에도 빠르게 조명 시퀀스를 재구성할 수 있어 매우 유용하다. 에너지 효율성 확보 측면에서도 스마트 조명은 효과적이다. 사용하지 않는 조명은 자동으로 꺼지며, 이는 에너지 소비를 줄이고 운영 비용 절감으로 이어진다. 대표적으로 **Maestro DMX**와 같은 생성형 AI가 있다.

Broadway Theatre는 배우의 움직임에 따라 무빙라이트가 자동으로 조정되는 시스템을 도입해 관객의 몰입도를 높이고, 운영 비용을 절감하는 성과를 거두었다. Coachella Festival에서는 음악의 BPM에 따라 LED 조명의 색상과 패턴이 자동으로 변화하도록 설계되었으며, 이 시스템은 관객의 몰입도와 현장 경험을 크게 향상시키는 것으로 평가받고있다.

조명은 감성을 설계하는 기술이다. 이제는 수동으로 조명을 조정하던 시대에서 벗어나, AI와 자동화 시스템을 통해 더욱 정교하고 몰입감 있는 무대를 연출할 수 있다. Broadway와 Coachella 같은 글로벌 사례는 이러한 기술이 실제 현장에서 어떻게 적용되는지를 보여주는 좋은 예시이다. 이벤트 실무자는 창의적인 콘셉트를 설계함과 동시에, 자동화 기술을 연출에 효과적으로 통합하는 역량도 갖추어야 한다. 감동을 전하는 조명은 기술만으로 완성되지 않는다. 그 기술을 무대로 끌어올리는 것은 결국 기획자와 연출자의 감각이다.

스마트 조명 시스템을 이해하는 것도 중요하지만, 이미 이를 능숙하게 활용하는 전문 팀을 발굴하는 눈도 기획자에게 필요한 역량이다. 결국 좋은 기획은 기술과 사람을 함께 보는 눈에서 시작한다.

영상으로 감정을 움직이는 기술

영상 영역에서는 더 큰 변화가 일어나고 있다. GPT 기반의 자막 생성 도구를 활용하면 연사의 말을 실시간으로 번역하거나 감정에 맞게 자막을 출력할 수 있다. 또한 카메라에 AI 프레이밍 기술이 더해지면서, 연사의 움직임에 따라 자동으로 화면 구도가 바뀌는 장면 전환도 가능해졌다. 이런 기술은 실무자들에게 새로운 가능성을 제시하며, 보다 풍부하고 생생한 무대를 연출할 수 있게 한다.

다음은 이 기술들이 실제로 어떻게 활용되고 있는지, 그리고 실무자가 어떻게 적용할 수 있는지에 대한 이야기이다.

1) 감정이 담긴 자막도 가능하다 - 자막 생성 도구의 점핑

최근 자막 생성 기술은 단순한 음성 인식과 텍스트 표기를 넘어, 감정 표현을 시각적으로 전달하는 방식으로 발전하고 있다.

예를 들어 Submagic은 이모지와 키워드 강조 기능을 활용해 "축하합니다", "감동적인 순간"처럼 자막에 감정의 분위기를 더할 수 있도록 지원한다.

사용자는 사전 설정된 자막 스타일 템플릿을 선택하거나, 직접 자막 색상과 폰트 스타일을 조정할 수 있어, 콘텐츠에 어울리는 시각적 표현이 가능하다.

참고자료 (왼쪽) https://www.submagic.co (오른쪽) https://maestra.ai/ko

Maestra는 125개 이상의 언어를 지원하는 자동 자막 및 번역 도구로, 실시간 자막 생성과 자막 더빙, 음성 복제 기능을 제공한다. 국제 행사나 다국적 웨비나 환경에서도 언어 장벽을 낮출 수 있어 유용하며, Zoom 등과 연동해 실시간 자막 서비스도 가능하다.

다만, 감정을 실시간으로 분석해 자막 스타일을 자동으로 조정하거나, 문화별 감정을 자동 번역하는 기능은 현재로서는 공식적으로 제공되지 않는다. 실제로 사용 시, 자막의 맥락 해석 오류나 표현의 미묘한 뉘앙스 차이를 방지하려면 현지 전문가의 검수나 협업이 필요하다.

2) 움직임을 읽는 카메라, 프레이밍도 AI가 한다

무대 위 연사의 움직임이나 동선을 따라 자동으로 카메라 구도를 조정해주는 **AI 프레이밍 기술**도 행사 현장에서 점점 확대되고 있다. **NVIDIA Maxine**은 연사의 얼굴과 동작을 인식해 자동으로 카메라 앵글을 조정해주는 기술을 제공하며, **Sony**의 **AI 카메라 시스템**은 와이드샷에서

클로즈업으로의 전환을 자동화해 무대의 역동성을 효과적으로 전달한다. 이런 기능은 특히 K-POP 공연이나 기업 세미나처럼 연사의 움직임이 많은 장면에서 유용하게 사용된다.

PTZOptics와 같은 솔루션은 모션 센서와 연동해 무대 양쪽의 이동을 추적하며 실시간 앵글 조절이 가능하다. 현장에서는 사전 리허설을 통해 반응 속도와 추적 정확도를 점검하고, 관객 몰입감을 높이기 위한 구도 설정을 미리 준비하는 것이 효과적이다. 이처럼 자막 생성과 프레이밍 기술 모두 행사 운영의 효율성과 품질을 높이는 데 실질적인 도움이 되고 있다.

연사의 움직임에 따라 움직이는 카메라

Footnotes
1. Suno AI : 텍스트로 입력하면 스타일과 가사에 맞춰 노래를 자동으로 만들어주는 인공지능 서비스.
2. Motion Array : 음악, 영상, 템플릿 등을 무제한 제공하는 영상 제작 구독 플랫폼. 협업과 튜토리얼도 지원.
3. inDJ : 감정이나 날씨에 맞춰 음악을 추천해주는 AI 기반 국내 음악 앱.
4. Maestro DMX : 음악신호(DMX)를 받아 조명을 자동제어하는 시스템.
5. Broadway Theatre : 뉴욕 맨해튼의 유명 뮤지컬·연극 공연 지역.
6. Coachella Festival : 미국 캘리포니아에서 열리는 세계적 음악·예술 페스티벌.
7. Submagic : 영상 속 음성을 자막으로 바꾸고, 이모지·키워드 등 시각 효과를 추가해주는 도구.
8. Maestra : 실시간 자막과 번역 기능을 제공하는 AI 플랫폼. Zoom, YouTube와 연동 가능.
9. NVIDIA Maxine : 화상회의나 방송에서 얼굴 추적, 소음 제거 등 실시간 영상·음성 보정 기능을 제공하는 플랫폼.
10. PTZOptics : 연사의 움직임을 자동 추적하는 원격 제어 카메라. 행사나 강연에 자주 사용됨.

3) LED 배경으로 분위기를 압도하기

최근 공연 무대에서 시선을 사로잡는 요소 중 하나는 바로 디지털 영상 연출이다. 화면을 통한 감정 전달과 몰입 유도는 무대 분위기를 결정짓는 핵심이 되었다. 특히 초고해상도 장비의 발전은 기존보다 훨씬 더 정교하고 선명한 시각적 경험을 가능하게 했다.

대표적으로 **LG MAGNIT**는 약 1mm 내외의 고밀도 픽

셀 피치를 가진 제품을 제공하며, 넓은 무대에서도 선명한 화면 구현이 가능하다. 다만 8K급 화질이라는 표현은 실제 해상도보다는 고화질 디스플레이로서의 시각적 품질을 의미한다.

ROE Visual Vanish V8은 투명한 구조와 곡면 설계가 가능한 장비로, 창의적인 무대 디자인에 유연하게 대응할 수 있다. 또한 **DOIT VISION**은 제스처나 음성 인식을 기반으로 관객 참여형 연출을 시도하고 있으며, 인터랙티브한 공연 흐름을 만들 수 있다는 점에서 주목받고 있다.

하지만 아무리 뛰어난 장비를 활용하더라도, 콘텐츠 자체가 평범하다면 관객의 주의를 오래 붙잡기 어렵다. 시각적 장비는 결국 도구일 뿐, 몰입을 이끄는 핵심은 콘텐츠의 기획과 감성적 연출이다. 기술과 창의력은 서로를 보완하며 함께 움직일 때 더 큰 힘을 발휘한다.

최근에는 생성형 AI 기술이 무대 배경 콘텐츠 제작에 깊이 관여하고 있다. 현실과 상상을 넘나드는 비주얼―예를 들어 미래 도시, 몽환적인 자연, 추상적 패턴 등―을 자동 생성해 공연의 테마와 감정선을 뒷받침한다. 이는 더 이상 단순한 '배경 영상'이 아니라, 공연의 분위기를 설계하는 시노그래피의 일부로 자리매김하고 있다.

시노그래피란 무대 미술, 조명, 영상, 소품 등을 종합적으로 구성해 공연의 메시지를 시각적으로 전달하는 연출 개념이다. 오늘날 이 영역에도 AI 기술이 자연스럽게 스며들고 있으며, 다양한 관객의 감각을 자극하는 몰입형 공간을 만들어가고 있다.

결국 무대는 이제 단순한 공간이 아니라, 기술과 상상력이 만나는 하나의 감각적 세계가 되고 있다. 이러한 변화는 공연 연출자와 실무자에게도 새로운 창작의 기회를 열어주고 있다.

필자는 개인적으로 JTBC 〈싱어게인〉 시즌 1, 2, 3의 팬이다. 그 프로그램에서 가장 눈여겨보는 부분은 가수들의 등 뒤를 채우는 LED 배경 영상이다. 한 장면이 인상 깊다. 가수 김기태 씨가 '제발'을 열창하던 순간, 천둥이 치는 배경과 그의 절절한 가창이 겹쳐지며 감동이 최고조에 달했다. "어떻게든 다시 돌아오길 부탁해…"라고 부르며 한 옥타브를 더 높였을 때, 심사위원들의 표정이 그대로 전해졌다. 그 순간 무대 위에는 가수의 실력, 심사위원의 반응, 영상 배경의 감정 연출이 완벽하게 어우러졌다. 그 영상은 누가 제작했을까? 사람이든, AI든 상관없다. 중요한 것은 그 영상이 무대의 감정을 설계하는 연출의 핵심 도구였다는 점이다.

LED 기술은 단순히 화면을 비추는 것이 아니라, 무대의 분위기와 메시지를 관객에게 직접적으로 전달하는 시각 언어이다. 기술과 감성을 연결해주는 이 장치는 이벤트의 테마를 시각적으로 완성해주는 최고의 파트너가 되었다.

실제로 필자는 같은 행사에서도 3년 동안 매년 다른 테마의 배경을 연출했다. 어느 해는 '어벤저스' 콘셉트로, 또 다른 해는 '슈팅스타' 이미지로, 그리고 최근에는 뮤지컬 영화관의 분위기를 살려 무대를 꾸몄다. 같은 장소, 같은 무대였지만 LED 배경이 바뀌자 행사 전체의 톤과 감정이 완전히 달라졌다. 이처럼 배경이 만드는 차이는 연출의 방향성과도 직결된다.

내년은 어떤 테마로 구성할까? 벌써부터 새로운 상상이 머릿속을 채우기 시작한다. AI는 도구이고, 상상력은 기획자의 몫이다. 그리고 그 둘이 만나 무대 위 감성을 설계한다.

AI 자막, 자동 프레이밍, LED 영상 기술은 이벤트의 접근성과 몰입도를 동시에 끌어올리는 핵심 수단이다. 단순히 '보여주는' 무대를 넘어, 감정을 전달하고 관객을 참여하게 만드는 기술로 발전하고 있다.

실무자는 다음 세 가지를 기억해야 한다.

첫째, 자막은 문화적 맥락과 감정 분석이 정확해야 하고,

둘째, 카메라는 리허설을 통해 반응성과 연동 조건을 점검해야 하며,

셋째, LED 영상은 고사양 장비와 함께 콘텐츠 제작의 창의성이 뒷받침되어야 한다.

이러한 기술들을 전략적으로 활용한다면, 단순한 무대를

넘어 관객의 오감을 사로잡는 완성도 높은 이벤트를 만들 수 있다. AI는 가능성을 열어주는 도구이고, 그 가능성을 현실로 만드는 것은 실무자의 기획력과 연출 감각이다.

이처럼 기술은 단순히 편의를 위한 것이 아니라 감성을 설계하는 핵심 도구가 되고 있다. 음악, 조명, 영상이 유기적으로 맞물릴 때, 하나의 장면이 관객의 마음에 오래 남는 경험으로 완성된다.

Footnotes
1. LG MAGNIT : LG전자의 초고해상도 마이크로 LED 스크린으로, 밝고 선명한 화질과 자유로운 크기 조절이 가능해 공연·전시 등에 적합하다.
2. ROE Visual Vanish V8 : 60% 투명도를 가진 얇은 LED 패널로, 무대나 콘서트에서 독특한 시각 효과를 연출할 수 있다.
3. DOIT VISION : 관객의 움직임이나 소리에 반응하는 인터랙티브 LED 시스템을 개발하는 기업이다.
4. 시노그래피(Scenography) : 공연의 분위기와 메시지를 조명, 소품, 영상 등으로 표현하는 무대 시각 연출 기법이다.

PART 09
코로나 이후, 달라진 행사 풍경

오프라인과 온라인, 그 경계가 사라진 날

2020년, 홍콩의 R사로부터 국제 행사 기획을 의뢰받았다. 행사 장소는 서울 콘래드 호텔로 확정되었고, 오디오 장비부터 조명, 무대 구조까지 세세한 연출 계획을 세웠다. 현장 답사와 미팅, 제안서 작업은 물론, 요청받은 DJ 박스의 디자인 시안까지 주고받으며 행사는 본격적으로 추진되고 있었다.

그러나 코로나19가 갑작스럽게 확산되면서 모든 일정이 멈췄다. 결국 행사는 전면 취소되었고, 우리는 준비 과정에서 들인 시간과 노력을 토대로 전체 행사비의 약 10%에 해당하는 취소 수수료를 정당하게 받을 수 있었다. 같은 시기, 대만의 L사와 진행하던 또 다른 프로젝트는 수차례 제안서를 보냈음에도 불구하고 아무런 보상 없이 흐지부지 끝나버렸다. 이 두 사례는 외주 프로젝트를 진행할 때 계약서 조항이 얼마나 중요한지를 다시금 깨닫게 해준 경험이었다.

그리고 이때부터 행사의 방식이 급격히 달라지기 시작했다. 대면 행사에 수백, 수천 명이 모이는 구조는 점차 사라졌고, 유튜브와 Zoom 같은 플랫폼을 활용한 온라인 생중계가 새로운 표준이 되었다. 오프라인과 온라인이 결합된 '하이브리드 행사'라는 새로운 형태가 등장한 것이다. 현장에 참석한 사람들 외에도, 온라인을 통해 전 세계 어디서든 동시에 참여할 수 있는 시대가 열린 것이다.

이 변화는 단순히 채널이 하나 더 생긴 것을 넘어, 콘텐츠 중심 시대의 본격적인 시작을 알리는 사건이었다. 이제 행사는 단순한 모임이 아니라, 언제 어디서나 공유되고 확산될 수 있는 '시공을 넘나드는 콘텐츠'가 시작된 것이다.

누구나 크리에이터가 된 시간

코로나로 인해 물리적 제약이 생긴 시기, 많은 실무자들이 '온라인 행사'라는 새로운 장르에 도전했다. 참가자가 직접 현장을 방문하지 않아도, 카메라와 라이브 스트리밍을 통해 현장을 실시간으로 참여할 수 있도록 구성했다. 현장 진행자의 설명과 생생한 모습을 영상 콘텐츠로 연출하며, 현장에 오지 못한 참가자들도 몰입할 수 있는 '비대면 행사'의 새로운 가능성을 실험했다.

또한, 그 시기에는 우리 회사 뿐만 아니라 유튜브 영상 제작, 음원 콘텐츠, 홈페이지 디자인 등 다방면에 도전했던 많은 기업들이 있다. 스튜디오를 임시로 꾸미고, 창작 노래를 녹음하고, 직접 편집한 영상 콘텐츠를 유튜브에 업로드하는 과정은 그야말로 '누구나 크리에이터가 된 시간'이었다. 실무자 모두가 익숙하지 않은 영역이었지만, 우리는 '시도'에 의미를 두고 밀어붙였던 시기가 아니었나 한다.

그 결과, 기존 오프라인 중심의 이벤트 기획에 머물지 않고, 온라인과 병행하는 행사 기획이 새로운 축으로 자리 잡기 시작했다. 이 시기는 우리뿐만 아니라 모든 실무자가 '오프라인 연출자'에서 '멀티 콘텐츠 기획자'로 바뀌어가는 전환점이었다.

하이브리드는 선택이 아니라 기본

코로나19는 단지 비대면 문화를 확산시킨 데서 그치지 않았다. 행사 산업의 판을 완전히 바꿔놓았다. 예전엔 "온라인으로도 행사가 가능할까?"가 고민이었다면, 이제는 "오프라인 행사만으로 충분할까?"라는 질문이 더 현실적이다. 하이브리드 행사는 더 이상 특별한 선택이 아니라, 당연한 기본값이 되었다.

2020년, Zoom '일일 미팅 참가자 수'는 불과 몇 달 만에 3천만 명에서 3억 명으로 급증했다. 재택근무와 온라인 수업이 일상이 되면서, Zoom은 순식간에 전 세계 커뮤니케이션의 중심에 섰다. 같은 해, 가상 행사 플랫폼 Hopin은 1년 만에 기업가치 10억 달러를 돌파하며 '유니콘' 반열에 올랐다. 이는 행사 산업이 얼마나 빠르게 디지털로 전환되었는지를 보여주는 상징적인 사례였다.

하지만 2024년 현재, 상황은 조금 달라졌다. Zoom의 시가총액은 2020년 최고치였던 1,390억 달러에서 180억 달러 수준으로 줄었다. Google Meet, Microsoft Teams 같은 대체 플랫폼이 등장하며 시장은 더 치열해졌다. 그럼에도 하이브리드 행사는 여전히 강력하다. 단지, 이전보다 더 정교한 전략과 기획이 요구될 뿐이다.

참가자 눈높이도 달라졌다

참가자들은 이제 거리나 장소보다는 접근성과 참여 경험을 더 중시한다. 현장에 온 사람은 사람 간의 교류와 네트워킹을 기대하고, 온라인 참가자는 실시간 Q&A나 자료 공유처럼 즉각적인 피드백을 원한다.

눈에 띄지 않으면, 마음도 움직이지 않는다. 현장에서만 느낄 수 있는 따뜻한 환대와 섬세한 배려는 오프라인 행사의 가장 큰 매력이다. 하지만 온라인이라고 감정이 전달되지 않는 건 아니다. 온라인 행사도 충분히 소통할 수 있다. 다만, '정보 중심'과 '참여 중심'의 흐름을 어떻게 설계하느냐가 관건이다.

하이브리드 시대의 행사는 단순히 두 가지 방식을 병행하는 것이 아니라, 각 환경의 장점을 최대한 살리고, 참가자의 경험을 세심하게 설계하는 일이다. 그리고 그것이 바로 오늘날 행사 기획자에게 요구되는 새로운 감각이다.

실시간 자막과 번역, 이제는 AI의 몫

실시간 온라인 행사에서 중요한 요소 중 하나는 바로 언어 장벽을 낮추는 일이다. 생성형 AI 기술은 이 부분에서도 강력한 힘을 발휘한다. 그중 대표적인 도구가 바로 Maestra이다.

Maestra는 연사의 음성을 텍스트로 변환해 자막을 실시간으로 생성하며, 125개 이상의 언어를 지원한다. 예를 들어 한국어 연설은 한국어 자막으로, 영어 연설은 영어 자막으로 자동 생성할 수 있다. 또한, 하나의 언어를 다른 언어로 동시 번역 자막으로 출력할 수 있는 기능도 제공한다.

사용자는 생성된 자막의 폰트, 색상, 크기를 자유롭게 편집할 수 있으며, SRT, VTT 등의 다양한 파일 형식으로 저장할 수도 있다. 더 나아가 Maestra는 Zoom, YouTube, OBS 등 주요 플랫폼과 연동되어 스트리밍 중에도 자막을 실시간으로 제공할 수 있다. 이처럼 실시간 자막과 다국어 번역 기능은 글로벌 참가자의 접근성을 높이고, 행사의 몰입감을 끌어올리는 핵심 기술로 자리 잡고 있다.

그러나 기술만으로 모든 것이 해결되지는 않는다. 실제로 한 문화기관은 유튜브 라이브만으로 온라인 행사를 진행했지만, 관객 이탈률이 높았다. 가장 큰 원인은 단방향 소통이었다. 온라인 참가자들은 자신을 '참가자'가 아닌 '관찰자'로 느꼈고, 상호작용이 부족한 콘텐츠는 끝내 흥미를 잃게 만들었다.

이 사례는 온라인 행사를 기획할 때 참가자의 '참여'를 이끌어내는 구조가 얼마나 중요한지를 보여준다. 실시간

투표, 채팅, Q&A와 같은 인터랙션 요소가 반드시 필요하며, 이는 기술 도입 이전에 기획자가 먼저 고려해야 할 핵심 전략이다.

생성형 AI는 콘텐츠 제작과 실시간 운영의 효율성을 높여주는 훌륭한 도구이다. 하지만 그 도구를 어떻게 활용할지는 기획자의 몫이다. 어떤 자막을 보여줄 것인지, 어떤 정보가 오프라인보다 온라인에 더 어울리는지, 모든 결정은 기획자의 감각과 판단력에서 출발한다.

Footnotes
1. Zoom : 전 세계에서 가장 널리 쓰이는 화상회의 플랫폼으로, 원격 근무, 온라인 수업, 웨비나 등에 활용된다. 영상통화, 화면 공유, 녹화 등 기능이 다양하다.
2. Hopin : 온라인과 오프라인, 하이브리드 행사를 모두 지원하는 가상 이벤트 플랫폼이다. 무대, 네트워킹, 전시 부스 등을 온라인에서도 실제처럼 구현할 수 있다.
3. Maestra : 발표자의 말을 실시간 자막으로 만들어주는 AI 서비스다. 125개 이상의 언어로 자동 번역도 가능하며, Zoom, YouTube 같은 플랫폼과 연동된다.
4. SRT (SubRip Text) : 자막 파일 형식 중 가장 일반적인 형태로, 영상과 함께 자막을 싱크 맞춰 보여줄 때 사용된다. 거의 모든 영상 프로그램에서 지원된다.
5. VTT (WebVTT) : 웹용 자막 파일 형식으로, 자막의 위치나 스타일 조정이 가능한 것이 특징이다. HTML5 비디오와 잘 호환된다.
6. Google Meet : 구글이 제공하는 화상회의 서비스로, Gmail, 캘린더와 연동이 쉽다. 별도 설치 없이 웹브라우저에서 바로 사용할 수 있다.
7. Microsoft Teams : 마이크로소프트의 협업 툴로, 채팅, 영상회의, 파일 공유, 팀별 공간 기능을 갖추고 있으며, Office 프로그램과 연동이 강력하다.

PART 10

현장에서 배운 것들

돈 내고 왜 우리가 눈치를 봐야 하죠?

한 번은 워크숍 행사를 진행한 적이 있다. 일정 중 참가자들이 식사 장소로 이동하기 위해 단체로 버스를 탑승해야 했는데, 이 과정에서 예상치 못한 문제가 발생했다. 버스 기사님이 참가자들에게 매우 화를 내며 불쾌한 반응을 보인 것이다.

사연은 이렇다. 행사 일정에 따라 중간에 화장실을 들러야 하는 요청이 있었고, 도착지 인근에 잠시 정차해달라는 요구도 있었다. 사실 이런 요청은 단체 행사에서는 흔히 있는 일이다. 보통 기사님들이라면 "잠시만 기다려주시면 바로 정차해 드리겠습니다" 혹은 "화장실 다녀오시면 대기하고 있겠습니다" 같은 말로 응대하는 것이 일반적이다. 하지만 이 기사님은 짜증 섞인 말투로 참가자들을 몰아붙였고, 결국 분위기가 심각하게 나빠졌다.

참가자들은 당황했다. "우리가 돈을 내고 버스를 빌렸는데, 왜 기사님 눈치를 봐야 하느냐"는 불만이 바로 터져

나왔다. 결국 대행사인 나에게 항의가 들어왔고, 나는 급히 기사님께 전화를 걸어 상황을 조율했다. 기사님께는 참가자들에게 감정을 드러내면 안 된다고 정중하게 말씀드렸고, 사후 수습을 위해 여러 사람들과 연락을 주고받아야 했다.

이번 일을 통해 크게 두 가지를 깨달았다. 첫째, 기사님과의 사전 소통이 정말 중요하다는 것이다. 버스 기사의 친절도나 응대 태도는 단순한 운전 기술 이상의 의미를 갖는다. 둘째, 버스 계약 시 금액 전액을 선지급하는 구조는 문제가 발생했을 때 협상력을 약화시킨다는 점이다. 앞으로는 서비스가 완료된 이후에 잔금을 지급하는 구조로 조정해야겠다고 판단했다.

이 사건은 작은 갈등이 전체 행사의 이미지에 어떤 영향을 미칠 수 있는지를 보여주는 사례였다. 그래서 그 이후로는 업체 선정 시 기사님들의 친절도, 커뮤니케이션 능력까지 반드시 체크하고 있다. 행사에서 '이동'도 하나의 중요한 연출이라는 것을 다시 한 번 실감한 순간이었다.

술 한 잔이 만든 뜻밖의 사고

한 번은 여성 참가자만을 대상으로 한 '야외캠핑' 행사를 진행한 적이 있다. 이 행사는 분위기나 프로그램 특성상 섬세한 운영이 중요한 자리였다. 처음 스태프를 구성할 때, 담당자의 요청으로 외모 중심으로 인력을 선발했다. 모델급은 아니지만 호감 가는 외모를 지닌 스태프들이 현장에 배치되었다.

행사는 무난하게 진행되는 듯했다. 그런데 행사 이틀째 되던 밤, 예상치 못한 사고가 벌어졌다. 행사를 마친 뒤, 클라이언트가 수고했다며 스태프들에게 술을 권했고, 그 중 한 명이 술에 취해 고성방가를 하기 시작한 것이다. 사실 나는 회사대표로서 술을 주시면 안된다고 만류했으나 담당자는 괜찮다며 스텝들 수고가 많다며 한 잔씩 주는 상황이었다. 그런데 시간이 얼마 지나자 술에 취한 스태프는 "○○담당자 어디 있어!"라며 고함치는 소리가 한밤중에 울려 퍼졌고, 참가자들과 다른 스태프들 모두 당황했다. 특히나 행사 성격상 여성 참가자만 있었던 현장에서 이같은 소동은 심각한 불안감을 불러일으켰다.

문제를 일으킨 스태프는 행사 기간 동안 스트레스를 많이 받았다고 주장했다. 그러나 무엇보다 문제였던 건 술이었다. 감정이 격해진 그는 통제가 되지 않았고, 결국 경찰이 출동하는 사태로까지 번졌다.

사후 수습은 빠르게 진행됐다. 행사 관계자들이 사과를 전했고, 상황도 원만하게 정리됐다. 다행히 큰 사고로 이어지진 않았지만, 그날의 긴장감은 행사 내내 이어졌다. 참가자들의 불안한 시선 속에서 다음 날 일정을 소화해야 했고, 조직 내부에서도 이 사태에 대한 많은 반성이 오갔다.

이 일을 계기로 '스태프에게 술을 제공하지 않는다'는 원칙을 다시 한번 확인하게 됐다. 행사 기간 중에는 누구든 프로페셔널하게 행동해야 하며, 작은 방심 하나가 전체 분위기를 무너뜨릴 수 있다는 점을 뼈저리게 느낀 사건이었다. 나는 이후 어떤 상황에서도 스태프에게 술을 제공하지 않기로 마음먹었다. 담당자와 갈등이 생기더라도, 그 원칙만큼은 지켜야 한다고 다짐했다.

이런 관점에서 행사는 결국 사람이 만드는 것이다. 특히 현장에서 스태프의 행동 하나가 참가자의 인식과 경험을 좌우할 수 있다. 그래서 사소한 원칙이라도 반드시 지키는 것이, 성공적인 행사의 기본임을 다시금 깨달은 밤이었다.

이 장비, 누구 거였죠?

한 번은 대선 정책 토론회 행사를 진행한 적이 있다. 전반적인 흐름은 좋았고, 일정도 원활하게 마무리됐다. 그런데 행사가 끝난 직후, 예상치 못한 문제가 발생했다. 행사장으로 사용한 웨딩홀 측에서 연락이 왔고, 자신들의 장비 중 일부가 분실됐다는 컴플레인이 접수된 것이다.

문제를 확인해보니 곧바로 원인을 파악하기는 어려웠다. 해당 현장은 웨딩홀의 기본 음향 장비와 우리가 가져간 콘솔, 케이블, 마이크 시스템 등을 혼용해서 사용한 공간이었다. 그러다 보니 정리 과정에서 어떤 케이블이 누구의 것이었는지 명확히 구분되지 않았다. 처음부터 전부 렌탈 장비로만 구성했더라면 문제는 달라졌겠지만, 이번엔 기존 시설과 자체 장비를 함께 활용한 상황이었다.

결국 웨딩홀 측에서는 손해에 대한 보상을 요구했고, 우리 측은 행사 도중 발생했을 수 있는 책임을 감안해 변상을 논의했다. 다행히 웨딩홀 시설 담당자와의 조율을 통해 사태는 원만히 마무리됐지만, 이번 일을 통해 꼭 짚고 넘어가야 할 중요한 교훈이 생겼다.

앞으로는 우리 장비와 현장 장비를 명확히 구분하고, 정리 시 혼선을 방지할 수 있도록 사전 체크리스트를 준비해야 한다는 점이다. 또한 계약서 작성 시에는 장비 사용 범위와 분실·파손 시 책임 소재를 반드시 명시하고 단순히 말로 조율하는 것만으로는 분쟁을 예방할 수 없다는 사실을 다시 한 번 깨달았다.

비슷한 사례도 있었다. 또 다른 컨벤션 웨딩홀에서는 아예 그들의 음향과 조명 장비 사용을 허락하지 않았다.

이유를 묻자, 이전 사용자 중 한 팀이 조명 메모리 설정을 지워버려 다음 날 결혼식에서 문제가 발생한 적이 있었기 때문이라고 했다. 결국 우리는 자체 시스템을 갖춰 현장에 반입했고, 추가 조명 장비를 보강해 무사히 행사를 마쳤다.

이처럼 현장의 장비를 사용할 때는 사전에 철저한 조율과 확인이 필요하다. 장비가 허용되지 않는다면 대안을 마련해야 하고, 허용되더라도 장비의 상태와 사용 범위는 분명히 해야 한다. 작은 실수가 행사 전체에 영향을 줄 수 있기 때문이다.

이 일은 단순한 장비 분실을 넘어, 실무자의 준비 태도와 장비 관리의 중요성을 다시금 일깨워준 사례였다.

이럴 때 생성형 AI가 있었다면 어땠을까?

위 3가지 사례를 통해 그때는 몰랐지만, 지금이라면 다르게 준비할 수 있지 않을까?

버스 기사님의 불친절, 음주로 인한 스태프 사고, 장비 분실은 예고 없이 찾아온다. 당시에는 대응에 급급했지만, 지금처럼 생성형 AI와 협업할 수 있는 시대라면 사전에 충분히 예방하거나 빠르게 조치할 수 있지 않을까? 하나씩 짚어보자.

1. 버스 기사님과의 갈등 - '이동 시나리오'를 미리 시뮬레이션했다면

그날은 참가자들과 버스 기사님 사이에 오해가 생기면서 분위기가 무거워졌다. 하지만 지금이라면 ChatGPT 같은 생성형 AI에게 "단체 워크숍 참가자 이동 시, 기사님과 사전 공유해야 할 사항과 예상 응대 가이드라인을 문서로 만들어줘"라고 요청하면 된다.

AI는 몇 분 만에 다음과 같은 기본 템플릿을 제공한다.

- 기사님에게 전달할 사전 안내문
- 식사·화장실·하차 요청 시 표준 응대 매뉴얼
- 참가자에게 배포할 이동 중 유의사항 안내문

실무자는 이 초안을 행사 특성에 맞게 수정해 배포하면 된다. 이렇게만 준비했더라면, 그날의 당황스러움은 덜하지 않았을까?

2. 스태프 음주 사고 - '행동 매뉴얼'이 있었다면 달라졌을 일

야외 캠핑 행사에서 스태프가 음주 후 사고를 일으킨 날, 현장은 한순간에 얼어붙었다. 지금이라면, 행사 시작 전에 생성형 AI에게 이렇게 말할 수 있다.

"야외 행사에서 스태프 음주 사고를 방지할 수 있는 행동 가이드라인을 작성해줘."

그러면 AI는 다음을 포함한 매뉴얼을 자동으로 제안해 준다.

- 스태프의 금지 행동
- 음주 제한 사유
- 비상 상황 대응 지침
- 참가자 불안감 해소 문구

그 문서를 팀원들과 공유하고 간단한 사전 교육만 진행했어도, 사고는 충분히 막을 수 있었을 것이다.

3. 장비 분실 - '계약서 문구와 체크리스트'를 AI로 준비했다면

웨딩홀 장비와 우리 장비가 섞이며 문제가 생긴 일도, 계약서와 체크리스트만 명확했다면 달라졌을 것이다.

지금처럼 생성형 AI를 활용하면 "행사에서 음향 장비 혼용 시 책임 범위를 명시할 계약서 조항을 만들어줘"라고 명령할 수 있다.

그러면 AI는 다음과 같은 사항을 포함한 조항을 제안한다.

- 장비 정리·반납 기준
- 분실 시 손해 책임 문구
- 공동 점검 서명 양식

또한 "행사 종료 후 장비 점검 체크리스트를 만들어줘"라고 하면 구체적인 항목별 점검표도 받을 수 있다.

결국, 실수는 줄이고 통제력은 높이는 '도구'로 활용해야 한다.

그날, 그 현장에서 내가 겪은 모든 시행착오는 지금이라면 AI의 도움으로 사전에 대비할 수 있었던 일이다. 생성형 AI는 기획자의 경험을 대체하는 것이 아니라, 사람이 놓치기 쉬운 부분을 미리 문서화하고 정리해주는 조력자이다.

이제는 돌발 상황이 벌어졌을 때 당황하기보다,

"그럴 수도 있지. 그래서 우리가 시뮬레이션 해뒀지"라고 말할 수 있는 기획자가 될 수 있다. 그리고 그 첫걸음은, AI에게 "내가 놓칠 수 있는 것부터 도와줘"라고 말해보는 것이 아닐까한다.

PART 11
AI 콘텐츠, 저작권은 어떻게 할까?

생성형 AI 기술이 빠르게 발전하면서, 콘텐츠 제작 현장에서는 이전과는 다른 새로운 고민들이 떠오르고 있다. 그 중에서도 가장 민감하고 중요한 주제는 바로 저작권 문제다. 단순히 기술의 발전에만 집중하기보다는, 그 기술이 기존 법 체계와 어떤 충돌을 일으키고 있는지를 살펴보는 것이 중요하다. 다음은 국내외에서 실제로 벌어진 사례들을 중심으로, 기획자들이 실무에 적용할 수 있는 대응 전략까지 함께 정리한 내용이다.

국내 음악저작권 사례

행사를 준비할 때 음악을 사용하는 건 매우 자연스러운 일이다. 하지만 아무 음악이나 틀었다가 저작권 문제가 생기면 예기치 못한 법적 책임을 질 수 있다. 그래서 필자는 행사 기획 단계에서 가장 먼저 음악 저작권 여부를 확인한다. 특히 한국음악저작권협회(KOMCA)에 미리 사용 예정 음원을 통보하고, 정해진 로열티를 납부하는 절차를 항상 거친다. 이러한 사전 조치는 행사 당일이나 이후에 발생할 수 있는 법적 분쟁을 예방하기 위한 기본적인 실무이다. 무료 BGM이나 저작권이 소멸된 클래식 음악은 신고나 비용 없이 사용할 수 있다. 하지만 대중가요, 팝송처럼 저작권이 살아 있는 음원은 반드시 정식 사용 허가를 받아야 한다.

최근에는 유튜브 스트리밍, 녹화 송출 등으로 인해 음원 사용 조건이 복잡해지고 있어 더욱 신중한 접근이 필요하다. 이처럼 기획자의 전문성은 이런 세부 절차를 성실히 지키는 데서 드러난다. 그렇다면 AI가 만든 음악은 자유롭게 써도 될까?

최근 인공지능 작곡 시스템을 활용한 음악이 빠르게 늘고 있다. 하지만 저작권 문제에 있어서는 여전히 명확하지 않은 점이 많다. 현행 저작권법 제2조에 따르면, 저작물은 '인간의 사상 또는 감정을 표현한 창작물'로 정의된다. 즉, AI가 혼자 만든 음악은 법적으로 저작물이 될 수 없다. 이 원칙은 2023년 12월, 문화체육관광부가 발표한

'AI 저작권 가이드라인'에서도 명확히 확인할 수 있다.

여기서는 다음과 같은 기준이 제시되었다. AI가 만든 그림, 음악, 시 등 창작물은 저작권을 인정하지 않는다. 프롬프트만 입력한 창작물도 등록 대상이 아니다. AI와 사람이 공동 작업한 경우에도, 인간이 창작에 실질적으로 기여한 부분만 제한적으로 보호된다. AI 결과물을 허위로 자신의 저작물인 것처럼 등록하면 처벌받을 수 있다. 실제 사례도 존재한다.

2022년, AI 작곡가 '이봄(EvoM)'이 만든 곡 중 일부 음악은 전적으로 알고리즘이 창작한 것으로 확인되었다. 이에 따라 한국음악저작권협회는 해당 곡의 저작권료 지급을 중단했다. 이후 2025년 3월 24일부터, 음저협은 신규 음원 등록 시 'AI 미사용' 확인서를 반드시 제출하도록 규정을 변경했다. 이 확인서는 단순한 체크가 아니라, AI를 '전혀(0%) 사용하지 않았다'는 보증을 의미한다. AI 사용이 드러날 경우, 저작물 등록 취소, 수익 분배 보류, 삭제 등의 조치가 이루어질 수 있다. 요약하자면, AI가 만든 음악은 원칙적으로 저작권 보호를 받을 수 없다. 단지 AI가 참여한 정도가 아니라, 그 음악을 누가, 어떻게 창작했는지가 핵심 판단 기준이다.

기획자가 AI 음악을 사용할 경우, 해당 콘텐츠가 저작권법상 '인간 창작물'로 인정받을 수 있는지 여부를 반드시 검토해야 한다. 그렇지 않다면 예기치 못한 법적 책임이 뒤따를 수 있다. AI 기술이 아무리 발전해도, 현행법은 여전히 '사람의 창작'에만 저작권을 인정하고 있다. 기획자는 기술의 편리함만 바라볼 것이 아니라, 그 기술이 법과 어떻게 맞닿아 있는지를 먼저 이해해야 한다. 그것이 진짜 전문성이고, 법적 리스크를 줄이는 실무자의 기본자세이다.

AI콘텐츠를 쓸 때 주의할 점

요즘엔 누구나 AI로 이미지를 만들 수 있는 시대가 되었다. 아바타, 의상, 배경 이미지도 몇 번의 클릭이면 완성된다. Z기업처럼 아바타를 중심으로 콘텐츠를 만드는 플랫폼도 예외는 아니다. 이처럼 생성형 AI가 콘텐츠 제작에 널리 활용되면서, 플랫폼들도 사용자 보호와 저작권 문제 예방을 위한 가이드라인을 마련하고 있다. Z기업은 사용자가 AI로 만든 콘텐츠임을 스스로 표시할 수 있도록 #AIGenerated 해시태그를 붙이도록 권장하고 있다. 이는 사용자 간의 혼란을 줄이고, 창작물의 출처를 명확히 하기 위한 조치이다. Z기업에서 만든 콘텐츠는 대부분 사용자가 직접 디자인하거나 플랫폼이 제공하는 리소스를 활용해 제작된다. 모든 콘텐츠가 플랫폼 회사의 소유라는 표현은 부정확할 수 있지만, 실제로 상업적으로 활용하려면 회사의 승인 없이 자유롭게 사용할 수는 없다. 또한, Z기업은 저작권 침해 신고가 접수될 경우 콘텐츠를 검토한 뒤, 필요 시 삭제나 계정 제한 등의 조치를 취할 수 있다. AI로 만든 이미지라도 기존 창작물과 유사하다면 법적 책임이 발생할 수 있다는 점을 의미한다.

AI 기술은 콘텐츠 제작 방식에 많은 변화를 가져오고

있다. 하지만 AI가 만든 콘텐츠라고 해서 법의 보호나 책임에서 예외가 되는 것은 아니다. 기획자와 사용자 모두는 창작물의 원본성, 사용 목적, 플랫폼의 약관을 정확히 이해하고 따를 필요가 있다. 그것이 바로 콘텐츠 제작자와 플랫폼 이용자를 보호하는 기본적인 태도이다.

해외 사례들, 우리가 참고할 점은?

Getty Images vs. Stability AI - 생성형 이미지, 어디까지 허용될까? AI가 만든 이미지는 이제 놀라울 정도로 사실적이다. 그런데 이 사실감 높은 이미지들이 법적 문제를 일으킨 대표 사례가 바로 Getty Images와 Stability AI 간의 소송이다. 2023년, Getty는 Stability AI가 자사의 웹사이트에서 약 1,200만 개의 이미지 데이터를 무단으로 수집해 Stable Diffusion이라는 이미지 생성 AI의 학습에 활용했다고 주장하며 영국에서 소송을 제기했다.

더 큰 문제는, 그렇게 만들어진 이미지들 중 일부에

Getty의 워터마크가 포함되어 있었다는 점이다. 이는 저작권 침해는 물론이고, 상표권 침해와 소비자 오인까지 유발할 수 있는 부정경쟁 행위에 해당한다고 Getty 측은 주장했다. 이에 대해 Stability AI는 "AI가 만든 이미지는 원본을 복제한 것이 아닌 새로운 창작물"이라며 반박했고, 학습은 주로 미국에서 이루어졌기 때문에 영국 법의 적용을 받지 않는다고 주장했다.

그러나 영국 고등법원은 이 주장을 받아들이지 않았고, 본안 심리에 돌입했다. AI가 만든 이미지라도 원본과 유사하다면 저작권 침해로 볼 수 있다는 가능성을 인정한 것이다. 이 사건은 향후 전 세계적으로 AI 콘텐츠의 법적 책임 기준을 정립하는 데 큰 영향을 줄 것으로 보인다.

Thaler vs. 미국 저작권청 - AI가 만든 예술 작품은 보호받을 수 없을까? 다른 대륙, 미국에서는 AI가 만든 이미지 작품이 저작권 보호 대상이 될 수 있는지를 두고 법적 논쟁이 벌어졌다. 이 사건은 Stephen Thaler 박사가 자율형 AI인 Creativity Machine이 생성한 예술작품 'A

Recent Entrance to Paradise'의 저작권을 등록하려 하면서 시작되었다. 그는 자신은 단지 AI의 소유자일 뿐, 창작자는 AI라고 명시했다.

하지만 미국 저작권청은 이를 받아들이지 않았다. 이유는 명확하다. 미국 저작권법은 저작권 보호의 요건으로 인간 창작성을 명시하고 있다. 법원 역시 저작권청의 입장을 지지하며, AI가 만든 작품은 법적으로 저작물로 인정받을 수 없다고 판결했다.

이 판결은 미국에서 AI 단독 창작물에 대한 저작권 부정 원칙을 확립한 대표 사례로 남았다. 다만, 인간이 AI 도구를 활용해 창작 과정에 실질적으로 개입했다면 일부 보호가 가능하다는 여지는 남아 있다. 이와 비슷한 논의는 유럽연합(EU)과 영국 등지에서도 활발히 진행 중이며, 영국은 AI 생성 콘텐츠를 일정 조건 하에 데이터베이스 권리로 보호할 수 있는 가능성을 검토 중이다.

기획자가 반드시 알아야 할 저작권의 기본

① AI가 혼자 만든 콘텐츠는 저작권 보호 대상이 아니다.
  → 법은 '사람이 만든 창작물'만 보호한다.
② AI 결과물은 사람의 실질적 기여가 있어야 보호된다.
  → 단순 프롬프트 입력만으론 불충분. 편집·재구성 등 창의적 개입이 필요하다.
③ 기존 콘텐츠와 실질적으로 유사하면 법적 책임이 생길 수 있다.
  → AI가 학습한 결과물이 원작과 비슷하면 표절로 판단될 수 있다.
④ 플랫폼 콘텐츠는 약관을 꼭 확인해야 한다.
  → 플랫폼마다 정책이 다르니, 리소스 활용 시 상업적 이용은 사전 허가가 필요하다.
⑤ 기술보다 책임 있는 사용이 중요하다.
  → AI 도구 사용 전, 저작권·약관·표절 여부를 반드시 점검해야 한다.

AI가 만들었지만 책임은 인간에게

유명한 커피브랜드 S사는 AI 툴로 제작한 메뉴 디자인이 한 독일 아티스트의 작품과 유사하다는 문제 제기를 받았다. 이후 S사는 해당 아티스트와 라이선스 계약을 체결하며 사태를 원만히 마무리했다.

또 다른 사례로, 한 행사에서는 N사의 AI 성우 음성을 사용했는데, 한 실제 성우가 본인의 목소리와 너무 흡사하다며 항의한 사례도 있다. 이에 N사는 계약서에 "AI 음성은 원작자와 무관하다"는 문구를 삽입하며 문제를 사전 리스크를 차단했다. 이러한 사례는 생성형 AI가 실무 현장에서 매우 유용한 도구가 될 수 있지만, 그 사용에는 반드시 윤리적, 법적 고려가 따라야 한다는 것을 보여준다. AI는 기획자의 속도와 효율을 높이는 훌륭한 파트너이지만, 그 결과물에 대한 책임은 여전히 인간에게 있다. 진짜 기획자는 AI를 능숙하게 다루는 기술뿐 아니라, 그 도구가 법적으로도 안전하게 작동하도록 설계하고 관리할 수 있는 책임감도 함께 갖춘 사람이다.

Footnotes

1. BGM : Background Music(배경음악)의 약자. 영상, 행사, 게임 등에서 분위기를 살리기 위해 깔리는 음악.
2. KOMCA : 한국음악저작권협회. 음악 저작권을 관리하고, 사용료를 징수·분배하는 기관.
3. Zepeto : 네이버Z가 운영하는 3D 아바타·가상세계 플랫폼. 사용자가 아바타를 만들고, 가상 공간에서 소통할 수 있다.
4. ChatGPT : 오픈AI에서 개발한 인공지능 대화형 챗봇. 질문에 답하거나 글, 아이디어 등을 자동으로 생성해준다.
5. Stable Diffusion : 오픈소스 이미지 생성 AI 모델. 텍스트 설명만으로도 그림이나 사진을 자동으로 만들어준다.
6. Copyleaks : AI 기반 표절·유사성 검사 서비스. 문서나 이미지의 표절 여부를 자동으로 분석해준다.
7. Getty Images : 세계적인 스톡 이미지·영상 제공 회사. 사진, 일러스트, 영상 등 다양한 저작권 이미지를 판매한다.
8. Stability AI : Stable Diffusion 등 생성형 AI 모델을 개발한 영국의 인공지능 스타트업.
9. Thaler : Stephen Thaler. AI 창작물의 저작권 인정 여부를 두고 미국에서 소송을 제기한 발명가.
10. A Recent Entrance to Paradise : AI가 만든 예술 작품의 제목. Thaler가 저작권 등록을 시도하며 법적 논쟁이 시작된 계기가 된 이미지

PART 12

배리어프리 행사, AI로 더 가까워지다

장애인의 사회 참여와 문화 향유 기회를 넓히는 데 있어 인공지능 기술은 점점 더 중요한 역할을 하고 있다. 특히 생성형 AI의 발전은 이벤트 기획자들에게 새로운 가능성과 도전을 동시에 제시하고 있다. 단순한 보조 기술을 넘어, AI는 장애인의 경험을 향상시키고, 보다 포용적인 행사 공간을 설계하는 데 유용한 도구가 되고 있다. 다음은 국내에서 실제 활용되었거나 도입 가능한 주요 사례를 중심으로, 시각장애인과 발달장애인을 위한 AI 기술의 흐름을 정리한 내용이다.

시각장애인을 위한 AI 음성 안내

AI 기반 시각 보조 앱과 음성 안내 시스템은 이벤트 현장에서 유용하게 활용될 수 있다.

SK텔레콤은 '설리번플러스'와 '설리번A'라는 앱을 통해 시각장애인과 저시력자에게 음성 기반 안내 서비스를 제공하고 있다. 이 앱은 스마트폰 카메라를 통해 글자, 사람, 사물 등을 인식하고 이를 음성으로 설명해준다. 문서를 음성으로 읽어주거나, 명함을 인식해 이메일 전송을 도와주는 기능도 포함되어 있어 정보 접근성을 크게 향상시킨다.

또한, SK텔레콤과 LBS테크가 공동 개발한 'G-eye Plus X VLAM'은 위치 기반 시각장애인 내비게이션 기술이다. 평균 1m 내외의 정확도로 사용자의 위치를 파악하고, 건물 입구나 행사장 주요 동선까지 안내하는 기능을 제공한다. 이러한 기술은 대규모 행사장에서도 시각장애인이 혼자서 공간을 탐색할 수 있도록 돕는 데 유용하다.

웨어러블 형태의 '오캠 마이아이(OrCam MyEye)'는 사물, 텍스트, 얼굴을 인식하고 음성으로 알려주는 장비이다. 손가락으로 특정 텍스트를 가리키면 해당 문장을 읽어주는 기능, 기억된 얼굴을 감지해 알려주는 기능 등은 독립적인 정보 습득에 큰 도움을 준다.

오캠 마이아이 시연장면

예술 콘텐츠 접근성 향상에도 AI 기술은 새로운 가능성을 보여준다.

AWS는 제주도립미술관과 협력하여 'AI 아트 어시스턴트' 앱을 시범 운영한 바 있다. 이 앱은 미술 작품을 AI가 분석하여 시각장애인에게 친절한 언어로 설명해주는 기능을 제공한다. 이는 문화 예술 행사에서도 장애인을 위한 정보 접근성을 보완할 수 있는 좋은 사례이다.

AI 아트 어시스턴트 앱 시범운영

발달장애 참여자를 위한 AI 가이드

SK텔레콤은 발달장애인을 위한 'AI 행동 관찰 시스템'을 개발했다. 이 기술은 행동 중재 전문가의 시간과 노동을 줄이면서도 도전적 행동을 체계적으로 분석할 수 있도록 돕는다. 실제로 경기도에서는 이 시스템을 활용한 돌봄 서비스를 운영하고 있으며, 도전 행동을 실시간으로 감지하고 통계를 통해 중재 전략을 수립하고 있다.

대표적인 사례로는 희망복지장애인주간보호센터가 있다. 이곳에서는 자폐성 장애인의 도전행동을 6개월간 기록해 473건의 행동 유형을 파악하고, 사전 개입을 통해 행동 발생을 예방하는 데 성공했다. 이로 인해 직원의 업무 효율도 개선되었고, 서비스 품질도 높아졌다는 평가를 받았다.

또한 창작 활동 영역에서도 AI 기술은 의미 있는 접근을 시도하고 있다.

서울장애인종합복지관은 챗GPT와 Suno AI를 활용한 '나의 이야기, 나의 노래 만들기' 프로젝트를 진행했다. 참가자들은 자신의 이야기를 AI가 만든 노래로 표현하는 경험을 하며 감정과 정체성을 자연스럽게 표현할 수 있었다. 이와 같은 활동은 단순한 체험을 넘어 자존감과 사회적 소속감을 형성하는 데 긍정적인 영향을 미친다.

Suno AI를 활용한 '나의 이야기, 나의 노래 만들기' 프로젝트

생성형 AI 기술은 장애인을 위한 행사 기획에서도 점점 실용적인 수단으로 자리 잡아가야 한다. 다양한 사례들은 AI가 정보 접근, 공간 안내, 감정 표현, 창작 활동 등에서 어떻게 활용될 수 있는지를 보여준다. 실무자는 기능 중심의 기술 도입을 넘어서, 참가자 한 사람 한 사람의 경험을 풍요롭게 하는 방향으로 AI를 기획에 통합해야 한다. 그렇게 할 때, 모두가 함께하는 진정한 행사를 만들어갈 수 있다.

현장, 스마트 기술 활용기

장애인 공연예술 현장에서 내가 아는 활동 중인 실무자는 다음과 같은 기술을 소개했다.

닷워치는 시각장애인을 위한 세계 최초의 점자 스마트워치로, 디지털 정보에 대한 접근을 손끝으로 가능하게 한 기술이다. 이 기기는 한국 스타트업 '닷(Dot)'이 개발했으며, 블루투스를 통해 스마트폰과 연동되어 시간, 문자, 알림 등의 정보를 점자로 전달한다. 디스플레이는 4개의 셀과 24개의 점자 핀으로 구성되어 있으며, 이 핀들은 전자석 기술로 작동해 실시간 점자를 만들어낸다. 이로 인해 시각장애인은 뉴스나 메시지, SNS 알림까지도 점자를 통해 확인할 수 있게 되었다. 다만, 메시지의 길이나 복잡한 정보 전달에는 한계가 있으며, 점자에 익숙하지 않은 사용자에게는 학습 시간이 필요하다는 단점도 존재한다. 그럼에도 불구하고, 닷워치는 시각장애인의 정보 접근성과 자립을 높인 상징적인 기술이며, 장애인을 위한 디지털 기기의 새로운 가능성을 열었다. 이 기술은 CES 혁신상을 수상하며 기술적 영향력을 입증받았다.

또 해당 실무자(현장 약 20년 경력)는 실제로 오래전부터 AI 기반 드로잉 인식 서비스인 Google Quick, Draw!를 소개했다. 이 기술은 2016년 11월 구글이 출시한 서비스로, 사용자가 간단한 낙서를 그리면 AI가 실시간으로 무엇을 그렸는지 추측하는 형식이다. 기술의 핵심은 사용자의 그림 데이터를 바탕으로 학습된 CNN(합성곱 신경망)과 RNN(순환 신경망) 모델이다. 이 모델은 수천만 개의 낙서를 학습하여 자동차, 동물, 도형 등 345가지 카테고리로 분류하고 실시간으로 인식한다. 특히 낙서를 통해 비언어적으로 AI와 상호작용할 수 있어, 언어적 의사표현이 어려운 발달장애인이나 자폐 아동 등에게 유용한 도구로 활용될 수 있다. 학계에서도 이미지 인식 AI 모델 개발을 위한 표준 데이터셋으로 채택하고 있다. 물론, 복잡하거나 추상적인 개념을 인식하는 데 한계가 있고, 문화적 다양성이 반영되지 않은 데이터로 인한 편향 문제도 존재한다. 그러나 이러한 기술이 장애인의 표현 가능성을 넓히고, 비언어적 소통을 가능하게 한다는 점에서 여전히 의미 있는 도구임은 분명하다. 또한 Quick, Draw!는 낙서를 전문가 수준의 벡터 이미지로 변환하는 기술 기반을 갖추고 있다.

장애인을 위한 행사와 콘텐츠를 기획할 때, 이처럼 쉽게 접근할 수 있는 인터페이스와 참여형 데이터 기반 기술은 큰 가능성을 지닌다. 향후에는 이러한 기술이 단순한 '보조 수단'을 넘어, 장애인의 창작과 표현을 돕는 진정한 도구로 자리 잡으면 좋겠다. 참고로 해당 사이트는 다음과 같다.

참고자료 https://quickdraw.withgoogle.com

에필로그

기획자는 '다 하는 사람'이 아니라, '잘 연결하는 사람'

AI와 함께 일하는 기획자?

이제 기획자는 모든 걸 혼자 짊어져야 하는 '만능인간'일 필요는 없다. 반복적인 작업은 도구에 맡기고, 그 위에 창의력과 감각, 그리고 사람의 마음을 더하는 사람이면 충분하다. AI와 함께 일하는 기획자는, 기술과 감성을 잇는 다리 같은 존재다. 데이터는 쌓이고, 팀원들은 각자의 역할에 집중하느라 서로 엇갈릴 때가 많다. 그 사이에서 기획자는 흐름을 읽고, 전체 그림을 조율하는 역할을 한다. 디자이너, 마케터, 개발자, 사용자, 그리고 AI까지 모든 요소를 잇고 조율하는 '허브'다. 무엇보다 중요한 건, 도구를 '잘' 쓰는 능력이다. 결과를 그대로 수용하는 것이 아니라, 한 번 더 생각해보고, 정말 필요한 것을 골라내고, 그것을 더 좋게 다듬을 줄 아는 사람. 정답보다는 의미에 집중하고, 그 안에서 사람의 마음을 움직이는 경험을 설계하는 사람이 아닐까한다.

새로운 것에 늘 열린 마음을 갖는 것도 중요하다. 모르는 툴 앞에서 주저앉지 않고, 가볍게라도 시도해본다. 서툴더라도 배워가며 자기 손에 익히는 기획자. 기술은 항상 먼저 나아가고, 우리는 그 흐름을 놓치지 않기 위해 여건이 허락하는 한 계속 성장하면 좋겠다. 그리고, 윤리와 책임도 함께 고민하는 사람이어야 한다. 기술의 편리함만 바라보는 것이 아니라, 그것이 사람에게 어떤 영향을 미칠지 함께 생각하는 자세; 더 빠르게보다, 더 바르게. 결과가 아니라 과정까지도 책임질 줄 아는 사람이 바로 오늘의 기획자다.

기획자는 '잘 연결하는 사람'이다.

내가 처음 이벤트 기획을 시작했던 20대에는 누구 하나 제대로 알려주는 사람이 없었다. 행사 일정표를 짜는 것부터, 동선을 고려한 레이아웃을 그리는 일, 현장 연출까지 모든 걸 맨땅에 헤딩하듯 직접 부딪히며 배워야 했다.

물론 인터넷은 있었지만, 필요한 그림 하나, 문구 하나를 찾기 위해 밤새도록 자료를 뒤져야 했다. 제안서 한 장을 쓰는 데도 어떤 표현이 어울릴지 몰라 끙끙거리기 일쑤였다. 2D·3D 시안을 맡기기 위해 외주 디자이너에게 부탁 전화를 돌렸고, 그렇게 완성된 결과물이 마음에 들지 않을 때면 속이 새까맣게 타들어갔다.

한 번은 함께 일하던 디자이너가 퇴사하고 나서, 남겨진 파일을 살피다 직접 일러스트레이터를 배우기 시작했다. 디자인비라도 아껴보자는 생각이었지만, 결과적으로 좋은 선택이었다. 이어서 스케치업까지 익히며, 머릿속에 그린 무대와 공간을 스스로 표현할 수 있게 되었다. 가끔은 지인이 훌륭한 제안서를 보내주기도 했지만, 결국 내 행사에 맞게 적용하려면 디자인을 수정하고, 카피를 다듬고, 콘텐츠를 채우는 데 다시 많은 시간을 써야 했다.

그러던 어느 날, '생성형 AI'라는 새로운 도구가 눈앞에 등장했다. 정보를 찾고, 방향을 정하고, 문장을 구성하는 데 시간을 쏟던 나에게 이 도구는 마치 **비서이자 파트너**처럼 느껴졌다. 이제는 아이디어 몇 줄만 던져도, 기획서 초안이 만들어지고, 이미지와 영상, 음악 시안까지 제안해주는 시대가 되었다.

그래서 나는 과거처럼 맨땅에 헤딩하지 않는다. 대신 물어보고, 받은 아이디어 중 괜찮은 걸 고르고, 그걸 다듬는다. 그리고 남는 시간은 더 본질적인 일에 쓰게 된다. 지금도 누군가는 혼자서 모든 걸 짊어지고 있을지 모른다. 하지만 이젠 꼭 혼자일 필요가 없다. 좋은 도구들이 이미 곁에 와 있으니까. 기획자는 그 도구를 잘 고르고,

유기적으로 연결해, 하나의 '경험'을 완성해나가면 된다.

물론, 기술이 기획자를 대신할 수는 없다. 아무리 AI가 멋진 제안서를 만들어준다 해도, 어떤 문장을 살리고 어떤 톤으로 말할지는 결국 사람의 판단이다. 어떤 이미지를 쓰고, 어떤 감정을 넣을지 결정하는 건 기획자의 몫이다.

이제 기획자는 모든 걸 다 하는 사람이 아니다.

'잘 고르고, 연결하고, 완성하는 사람',

그리고 그 역할을 가장 잘 해낼 수 있는 오케스트라 지휘자 같은 사람이, 바로 '기획자'다.

지금의 나는 수많은 도전과 배움의 시간 위에 서 있다. 그리고 그 모든 순간에 함께하셨던 하나님께 조용히 감사드린다.